गीतांजलि

देवनागरी में मूल बांग्ला कविताएँ, हिन्दी अनुवाद,
रवीन्द्र-कृत अंग्रेज़ी अनुवाद
एवं डब्ल्यू.बी. येट्स लिखित भूमिका

गीतांजलि

देवनागरी में मूल बांग्ला कविताएँ, हिन्दी अनुवाद,
रवीन्द्र-कृत अंग्रेज़ी अनुवाद
एवं डब्ल्यू.बी. येट्स लिखित भूमिका

रवीन्द्रनाथ टैगोर

अनुवाद

शकुन्तला मिश्र

वाणी प्रकाशन

प्रथम संस्करण : 2013
द्वितीय संस्करण : 2020
तृतीय संस्करण : 2023

वाणी प्रकाशन
4695, 21-ए, दरियागंज, नयी दिल्ली 110 002
फ़ोन : +91 11 23273167 फ़ैक्स : +91 11 23275710
शाखाएँ
अशोक राजपथ, पटना 800 004, बिहार
कॉफ़ी हाउस कैम्पस, महात्मा गांधी मार्ग, इलाहाबाद 211 001, उत्तर प्रदेश
महात्मा गांधी अन्तरराष्ट्रीय हिन्दी विश्वविद्यालय, वर्धा 442 001, महाराष्ट्र
36/ए, शेक्सपीयर सरणी, रानी बिरला गर्ल्स कॉलेज के पास, कोलकाता 700 017, प. बंगाल
www.vaniprakashan.com
marketing@vaniprakashan.in
sales@vaniprakashan.in

Geetanjali
by Rabindranath Tagore
Translated by Shakuntala Mishra

ISBN : 978-93-5072-541-2
Poetry

मूल्य : ₹ 695

सिटी प्रेस, दिल्ली-110 095 में मुद्रित

वाणी प्रकाशन का लोगो मक़बूल फ़िदा हुसेन की कूची से

अनुक्रम

अनुकथन

'गीतांजलि' Song offerings का प्रथम प्रकाशन इंडिया सोसायटी, लंदन से नवंबर, 1912 में हुआ। इसके पूर्व बांग्ला गीतांजलि का प्रकाशन सितम्बर 1910 में हुआ था। यह 1906 से 1910 के बीच लिखित 157 कविताओं एवं गीतों का संकलन था। इस गीतांजलि के प्रकाशन के समय तक रवीन्द्रनाथ ठाकुर कवि, नाटककार, कथाकार, निबन्धकार के रूप में बंगाल में तो प्रसिद्ध हो ही चुके थे, बंगाल के बाहर भी महत्त्वपूर्ण साहित्यकार के रूप में परिचित हो चुके थे। 1901 में शान्तिनिकेतन में विद्यालय की स्थापना हो चुकी थी। 1901 से ही 'सरस्वती' में इनकी कुछ कहानियों के अनुवाद प्रकाशित होने लगे थे। बांग्ला गीतांजलि को मुख्य आधार बनाते हुए रवीन्द्रनाथ ने अंग्रेजी गीतांजलि—Song offerings प्रस्तुत किया जिसमें 103 कविताओं के अनुवाद हैं। इसमें बांग्ला गीतांजलि से 53, नैवेद्य से 16, गीतिमाल्य से 16, खेया से 11, शिशु से 3, चैतालि, कल्पना, उत्सर्ग, स्मरण से एक-एक कविताएँ/गीत और अचलायतन नाटक से एक गीत का अनुवाद है। बांग्ला गीतांजलि के प्रकाशन पर बंगाल में मिश्रित प्रतिक्रिया हुई थी। कुछ को इसके भाव-गांभीर्य और सहज शैली ने प्रभावित किया तो कुछ ने इसे कृत्रिम माना। गीतांजलि और रवीन्द्रनाथ की ख्याति तो नोबेल पुरस्कार की प्राप्ति के बाद ही हुई।

अंग्रेजी गीतांजलि की प्रस्तुति आकस्मिक थी या योजनाबद्ध, इस सम्बन्ध में तो निश्चयपूर्वक कुछ नहीं कहा जा सकता, किन्तु यह ज़रूर कहा जा सकता है कि रवीन्द्रनाथ के कुछ अनुरागी, प्रशंसक एवं मित्र यह चाहते थे कि उनका साहित्य बंगाल की सीमा से बाहर निकले और विशेषतः अंग्रेजी के माध्यम से इसकी सीमा का विस्तार हो। रवि दत्त, अजितकुमार चक्रवर्ती, आनन्द कुमारस्वामी ने 1909-11 के बीच इनकी कुछ कविताओं का अंग्रेजी अनुवाद प्रकाशित कराया था। अजितकुमार चक्रवर्ती और आनन्द कुमारस्वामी द्वारा अनूदित कविताएँ 1911 में 'माडर्न रिव्यू' में प्रकाशित हुई थीं। इसके पूर्व जगदीशचन्द्र बसु तथा कुछ और लोगों ने इनकी कहानियों का अंग्रेजी अनुवाद किया था। 1910-11 में इंग्लैंड के सुप्रसिद्ध चित्रकार और साहित्य के रुचि रखने वाले विलियम रोथेंस्टाइन भारत आये थे। कलकत्ते जाने पर वे रवीन्द्रनाथ के पारिवारिक गृह जोड़ासाँको में ही ठहरे थे। रवीन्द्रनाथ के भतीजे चित्रकार गगनेन्द्रनाथ और अवनीन्द्रनाथ से उनकी घनिष्ठता थी। इस समय वे रवीन्द्रनाथ के व्यक्तित्व से विशेष रूप से प्रभावित हुए तथा उन्होंने उनके कुछ रेखाचित्र बनाये थे। इंग्लैंड लौटने पर रवीन्द्रनाथ से उनका सम्पर्क बना रहा।

1912 में रवीन्द्रनाथ ने इंग्लैंड की अपनी तीसरी यात्रा की योजना बनायी। किन्तु मुम्बई में जहाज़ पर चढ़ने के बाद उनकी तबीयत ख़राब लगने लगी और उन्हें अपनी यात्रा स्थगित करनी पड़ी। रवीन्द्रनाथ विश्राम तथा स्वास्थ्यलाभ के लिए अपनी ज़मींदारी शिलाइदह (पूर्व बंगाल) चले आये। यहीं रवीन्द्रनाथ ने गीतांजलि के अनुवाद की शुरुआत की। इस सम्बन्ध में उन्होंने अपनी भतीजी इन्दिरा देवी को जो पत्र लिखा है उससे गीतांजलि की अनुवाद प्रक्रिया का पता चलता है। यह पत्र 6 मई 1913 को लंदन

से लिखा गया था। रवीन्द्रनाथ लिखते हैं—"तुमने गीतांजलि के अंग्रेजी अनुवाद के सम्बन्ध में लिखा है। वह मैंने कैसे किया और लोगों को वह कैसे इतना अच्छा लगा, यह बात मैं आज तक समझ नहीं पाया। मैं अंग्रेजी नहीं जानता—यह बात इतनी स्पष्ट है कि इस सम्बन्ध में लज्जित होने का अभिमान भी मुझे किसी दिन नहीं था। यदि मुझे कोई चाय पर निमंत्रित कर अंग्रेजी में पत्र लिखता तो मुझे उसका उत्तर देने का भरोसा नहीं होता था। तुम समझती हो कि आज मेरी वह माया दूर हो गयी है—एकदम ऐसी नहीं है—मैंने अंग्रेजी में लिखा है, यही मुझे माया जैसा प्रतीत हो रहा है। पिछली बार जब जहाज़ पर चढ़ते समय चक्कर खा कर गिर पड़ा, सबसे विदा लेने की जल्दबाज़ी में मेरी यात्रा ही रुक गयी, तब विश्राम करने के लिए शिलाइदह चला गया। किन्तु मस्तिष्क पूरी तरह सरल न हो तो एकदम से विश्राम करने जैसी ताक़त भी नहीं मिलती, इसलिए निरुपाय हो कर मन को शान्त रखने के लिए मैंने एक अनावश्यक कार्य में हाथ लगाया। तब उस चैत के महीने में आम के बौर की गन्ध से आकाश का कोई कोना ख़ाली नहीं था और पक्षियों की चहचहाहट ने दिन के सम्पूर्ण प्रहर को मतवाला बना दिया था। छोटा बच्चा जब ताज़गी से भरा होता है तब माँ की गोद को भूला रहता है, लेकिन जब थक जाता है तब वह माँ की गोद को पाना चाहता है—मेरी भी ऐसी ही दशा हुई। मैं अपने पूरे मन से, अपने पूरे अवकाश के साथ चैत्र माह पर छा गया—उसका आलोक, उसकी हवा, उसकी गन्ध, उसके गीत कुछ भी मुझसे छूट नहीं पाये। किन्तु ऐसी अवस्था में चुप नहीं रह सका—हड्डी में जब हवा लगती है तब वह बज उठना चाहती है, यह तो मेरी हमेशा की आदत है, तू जानती है। तथापि पूरी तैयारी के साथ कुछ लिखने का बल मुझमें नहीं था। इसलिए गीतांजलि की कविताओं को एक-एक कर अंग्रेजी में अनुवाद करने बैठा। यदि कहो कि थके शरीर से ऐसे दुःसाहस की बात मन में कैसे आयी!—लेकिन मैं बहादुरी दिखाने की दुराशा में इस काम में न लगा था। एक दिन भावों की जिस हवा के स्पर्श से मेरे मन में रस का उत्सव जाग्रत हो गया था, उसी को और एक बार अन्य एक भाषा के माध्यम से मन में उद्भावित कर लेने की प्रबल इच्छा हुई। एक छोटी पुस्तिका भर गयी। इसे ही पॉकेट में रख कर जहाज़ पर चढ़ा। पॉकेट में रखने का अर्थ यह है कि सोचा समुद्र में मन जब व्यग्र हो उठेगा तब डेक की चेयर पर उठंग कर और दो-एक अनुवाद कर लूँगा। वही हुआ भी। एक पुस्तिका भर गयी तो दूसरी में हाथ लगाया। रोथेंस्टाइन को पहले ही मेरे कवियश का आभास एक भारतीय के द्वारा हो चुका था। उन्होंने जब बातों ही बातों में मुझसे मेरी कविता का नमूना पाने की इच्छा प्रकट की तो मैंने कुंठित मन से अपनी पुस्तिका उन्हें समर्पित की। उन्होंने जो अभिमत प्रकट किया उस पर मैं विश्वास न कर सका। उन्होंने कवि येट्स के पास वह पुस्तिका भेज दी—उसके बाद क्या हुआ, उस इतिहास से तुम लोग परिचित हो। मेरी कैफ़ियत से इतना ही समझ सकती हो कि इसमें मेरा कोई अपराध नहीं था—अधिकाशंतः घटना चक्र से ही ऐसा हुआ।" (चिठिपत्र-5)

रवीन्द्रनाथ ने पुनः इंग्लैंड और अमेरिका जाने की योजना बनायी। 24 मई, 1912 को वे मुम्बई से इंग्लैंड के लिए रवाना हुए और 16 जून, 1912 को लंदन पहुँचे—साथ में थे सुपुत्र रथीन्द्रनाथ और पुत्रवधू प्रतिमा देवी। लंदन पहुँच कर रवीन्द्रनाथ की मुलाकात रोथेंस्टाइन से हुई और उन्होंने ये अनुवाद उन्हें पढ़ने के लिए दिए। इसे पढ़ कर रोथेंस्टाइन चमत्कृत हुए और उन्होंने इसकी तीन प्रतियाँ टाइप करा कर कवि डब्ल्यू.बी. येट्स, प्रो. एंड्रू ब्रेडले और कवि स्टफोर्ड ब्रुक को भेजीं। लंदन के साहित्य-समाज में गीतांजलि की कविताओं तथा रवीन्द्रनाथ की चर्चा होने लगी। रोथेंस्टाइन ने अपने आवास पर कुछ कवियों-साहित्यकारों को आमंत्रित किया, जिनमें अर्नेस्ट रिज, एलिस मेनेल, मे सिंकलेयर, इवेलिन अंडरहिल, एज़रा पाउंड, सी.एफ. एंड्रयूज़ आदि उपस्थित हुए। रवीन्द्रनाथ तो थे ही। इनकी उपस्थिति में येट्स ने गीतांजलि के कुछ अनुवाद पढ़े। सब पर इन कविताओं का विशेष प्रभाव पड़ा। येट्स इन कविताओं पर मुग्ध हुए और उन्होंने इनमें यत्र-तत्र संशोधन, परिमार्जन का कार्य भी किया। इस कार्य

के सिलसिले में येट्स और रवीन्द्रनाथ की कई बैठकें हुईं। येट्स इन कविताओं से कितने प्रभावित हुए इसका प्रमाण उनके द्वारा लिखित 'गीतांजलि' की भूमिका से मिलता है। 10 जुलाई, 1912 को इंडिया सोसायटी द्वारा रवीन्द्र के सम्मान में ट्रोकेड्रो रेस्टुरेंट में येट्स के सभापतित्व में एक सभा हुई जिसमें लंदन के कई गणमान्य चिन्तक, साहित्यकार सम्मिलित हुए। इस सभा में येट्स ने गीतांजलि के अनुवाद के विषय में कहा कि इस तरह के गीत मैंने आज तक अंग्रेजी भाषा में नहीं देखे हैं—"I know of no man in my time who has done anything in the English language to equal this lyrics." रोथेंस्टाइन तथा येट्स के प्रयत्न से इंडिया सोसायटी द्वारा 1 नवम्बर, 1912 को गीतांजलि : Song offerings का प्रकाशन हुआ। इस अनुवाद की सात सौ पचास प्रतियाँ प्रकाशित हुईं, जिनमें पाँच सौ प्रतियाँ सदस्यों में वितरण के लिए थीं। रवीन्द्रनाथ अक्टूबर में अमेरिका के लिए रवाना हो गये। तब तक उनकी ख्याति पूरे यूरोप और अमेरिका में फैल गयी थी। अमेरिका में एज़रा पाउंड के प्रयास से हेरियट मुनरो द्वारा संपादित प्रसिद्ध पत्रिका 'पोयट्री' (सिकागो) में रवीन्द्रनाथ द्वारा अनूदित छः कविताएँ प्रकाशित हुईं। गीतांजलि की कविताओं की तुलना डेविड के गीतों, ईसाई भक्ति संगीत तथा दांते, मिल्टन, वर्ड्सवर्थ और शैली की कविताओं से होने लगी। (देखें, The north American Review (1913) में May Sinclair का लेख) इंग्लैंड में रहते ही रवीन्द्रनाथ ने 'द गार्डनर' और 'द क्रेसेंट मून' के अनुवाद कर लिए थे। अमेरिका में उन्होंने कई व्याख्यान दिये जो 'साधना' में प्रकाशित हुए। अप्रैल 1913 में रवीन्द्रनाथ लंदन लौट आये। इस बीच मार्च 1913 में मैकमिलन ने गीतांजलि का प्रकाशन किया। नवम्बर 1913 में नोबेल पुरस्कार की घोषणा तक इसके 12 पुनर्मुद्रण हो चुके थे।

इस बीच 1913 के नोबेल पुरस्कार की प्रक्रिया शुरू हो चुकी थी। लंदन की रॉयल सोसायटी ऑफ लिटरेचर ने इसके लिए प्रसिद्ध उपन्यासकार थामस हार्डी का नाम प्रस्तावित किया था। रवीन्द्रनाथ के प्रशंसक स्टार्ज मूर इस सोसयटी के सदस्य थे। उन्होंने व्यक्तिगत तौर पर स्वीडिस अकादमी की नोबेल समिति को रवीन्द्रनाथ का नाम प्रस्तावित किया। प्रारम्भिक हिचक तथा गम्भीर विचार-विमर्श के उपरान्त नोबेल पुस्कार के लिए 13 नवम्बर, 1913 को रवीन्द्रनाथ के नाम की घोषणा हुई। नोबेल पुरस्कार की घोषणा के पूर्व ही यूरोप की दो-तीन भाषाओं में गीतांजलि का अनुवाद प्रकाशित हो चुका था। इसके बाद तो संसार की समस्त प्रमुख भाषाओं में गीतांजलि के अनुवाद होने लगे।

अंग्रेजी गीतांजलि को विशुद्ध अनुवाद की कोटि में रखा जा सकता है या नहीं, यह एक विचारणीय विषय है। वस्तुतः रवीन्द्रनाथ ने बांग्ला गीतांजलि के रचनाकाल की मानसिकता में पुनः निमज्जित हो कर यह अनुवाद किया था; इसलिए इसमें एक ओर वही तन्मयता दिखायी पड़ती है, तो दूसरी ओर भिन्न भाषा में नये रूप में ढालने के प्रयास में ये कविताएँ अनुवाद से भी आगे बढ़कर पुनर्सृजन की कोटि में पहुँच गयी हैं। दूसरा अन्तर यह है कि बांग्ला गीतांजलि गीत, छन्द, लय, संगीत में आबद्ध है तो अंग्रेजी गीतांजलि लयात्मक गद्य या गद्यकाव्य में है। नयी शैली में प्रस्तुत करने के प्रयास में बांग्ला कविताओं के कुछ अंश छूट गये हैं, किन्तु मूल भाव में कोई परिवर्तन नहीं आया है। परवर्ती काल में गीतांजलि के कुछ और अंग्रेजी अनुवाद हुए। ब्रदर जेम्स (1983) तथा जो विंटर (1998) ने मूल बांग्ला गीतांजलि (157 कविताएँ) के अंग्रेजी अनुवाद प्रस्तुत किए तो विलियम रादिचे (पेंग्विन, 2011) ने अंग्रेजी गीतांजलि की मूल बांग्ला कविताओं के आधार पर नया अंग्रेजी अनुवाद प्रस्तुत किया। इन तीनों अनुवादकों ने यह प्रयास किया है कि मूल बांग्ला कविताएँ अनुवाद में अपनी सम्पूर्णता में प्रस्तुत हों। विलियम रादिचे ने भूमिका में मूल पांडुलिपि तथा येट्स द्वारा इसके परिमार्जन के सम्बन्ध में कई प्रश्न उठाये हैं। येट्स अपने इस परिमार्जन/संशोधन के सम्बन्ध में अत्यधिक संवेदनशील थे। किन्तु रादिचे इस संशोधन को सर्वदा औचित्यपूर्ण नहीं मानते। रवीन्द्रनाथ के इस अनुवाद की गुणवत्ता पर भी विचार हुआ है। कुछ विशेषज्ञों के मतानुसार गीतांजलि के अनुवाद रवीन्द्रनाथ की ख्याति के कारण बने तो परवर्ती

मोहभंग या अख्याति में भी इनकी विशेष भूमिका है। वस्तुतः यह बात गीतांजलि से अधिक रवीन्द्रनाथ के परवर्ती अन्य अनुवादों के लिए ज़्यादा सही है। 'द गार्डनर' (1913) और 'द क्रेसेंट मून' (1913) तक तो ठीक था, किन्तु इसके बाद के अनुवाद (फ्रूट गेदरिंग, लवर्स गिफ्ट, द फ्यूजिटिव आदि) कई प्रकार के आग्रह और दबाव के बीच जल्दबाज़ी में किये गये और मोहभंग का कारण बने। यहाँ तक कि येट्स और एज़रा पाउंड जैसे प्रशंसक भी अप्रसन्न हुए लेकिन रोथेंस्टाइन और एंड्रयूज़ अन्त तक रवीन्द्रनाथ के समर्थक बने रहे। यह बात भी ध्यान में रखनी होगी कि पश्चिम में रवीन्द्रनाथ की ख्याति-अख्याति के कारणों को केवल अनुवाद की गुणवत्ता में तलाशना यथार्थ से दूर होना होगा। जिस प्रकार रवीन्द्रनाथ की ख्याति में अनुवाद और साहित्यिक कारणों से इतर कुछ अन्य कारक भी रहे हैं उसी प्रकार उनकी अख्याति में भी इतर कारक रहे हैं। इतना होने पर भी गीतांजलि (बांग्ला-अंग्रेजी दोनों) को भावानुभूति और संप्रेषणीयता दोनों दृष्टियों से विश्वसाहित्य जगत् में एक विशिष्ट कृति के रूप में स्वीकार किया जाता है।

हिन्दी में गीतांजलि के अब तक लगभग चालीस अनुवाद प्रकाशित हुए हैं, जिनमें भवानीप्रसाद तिवारी (1947), सत्यकाम विद्यालंकार (1950), मुरलीधर श्रीवास्तव (1960), सुधीन्द्र (1961), हंसकुमार तिवारी (1961), प्रयाग शुक्ल (2002), रणजीत साहा (2006) तथा रामेश्वर मिश्र (2010) के अनुवाद उल्लेखनीय हैं। इनमें मुरलीधर श्रीवास्तव, सुधीन्द्र और प्रयाग शुक्ल के अनुवाद अंग्रेजी गीतांजलि की बांग्ला कविताओं से हैं, भवानीप्रसाद तिवारी का अनुवाद अंग्रेजी गीतांजलि से और बाकी अनुवाद बांग्ला गीतांजलि से। सत्यकाम विद्यालंकार का अनुवाद गद्य में है, बाकी सभी अनुवाद पद्य में हैं या उनमें छन्द, लय तुक का ध्यान रखा गया है। बांग्ला और अंग्रेजी गीतांजलि दोनों में मिला कर कुल 207 कविताएँ हैं। मुरलीधर श्रीवास्तव ने इन सबका अनुवाद प्रस्तुत किया है। प्रयाग शुक्ल का अनुवाद काव्यात्मकता और लयात्मकता की दृष्टि से उत्कृष्ट अनुवाद है। वस्तुतः यह भी अंग्रेजी गीतांजलि की तरह पुनर्सृजन ही है। प्रयाग शुक्ल और रामेश्वर मिश्र ने अनुवाद के साथ मूल कविताओं को भी देवनागरी में प्रस्तुत किया है। मैंने इन सभी अनुवादों से लाभ उठाया है। शब्दगत और अर्थगत किसी शंका का समाधान मैंने इन अनुवादों (हिन्दी-अंग्रेजी दोनों) से करने की कोशिश की है। मैंने पंक्ति-दर-पंक्ति अनुवाद करने की कोशिश की है। यह अनुवाद की कोई अच्छी पद्धति नहीं मानी जा सकती। रवीन्द्रनाथ तो सिद्धान्त रूप में और व्यवहार रूप में भी इस पद्धति के पक्ष में नहीं थे। लेकिन मैंने जानबूझ कर इस पद्धति को अपनाया है, जिससे पाठक मूल कविता के ज़्यादा से ज़्यादा निकट पहुँच सकें और गीतांजलि के भाव-सौन्दर्य, शिल्प-सौन्दर्य और भाषा-सौन्दर्य के सम्बन्ध में अपनी धारणा बना सकें। इसके पूर्व अंग्रेजी में ब्रदर जेम्स और हिन्दी में रामेश्वर मिश्र के अनुवाद भी इसी प्रकार के हैं। उनसे मेरे अनुवाद का अन्तर यह है कि इन दोनों के अनुवाद बांग्ला गीतांजलि (1910 में प्रकाशित, 157 कविताएँ) के बांग्ला रूप से पद्य में है तो मेरा अनुवाद 1912 में प्रकाशित अंग्रेजी गीतांजलि (Song offerings, 103 कविताएँ) के बांग्ला रूप से विशुद्ध गद्य में।

पूर्ववर्ती उन सभी अनुवादकों के प्रति मैं कृतज्ञता ज्ञापित करती हूँ जिनके अनुवाद से सहायता ले कर मैंने अपने अनुवाद को त्रुटिरहित बनाने की कोशिश की है। मूल बांग्ला कविताओं के अर्थ और उनकी व्याख्या के लिए मैं अपने श्रद्धेय 'काकू' मनोज चक्रवर्ती (अवकाश प्राप्त बांग्ला अध्यापक, वर्धमान विश्वविद्यालय) पर सर्वदा निर्भर रही हूँ। उनके प्रति कृतज्ञता प्रकट करना धृष्टता होगी। 'नया ज्ञानोदय' के सम्पादक रवीन्द्र कालिया ने जून 2012 के अंक में इससे सात अनुवाद प्रकाशित किए। कई पाठकों से प्रतिक्रिया स्वरूप सराहना और सुझाव दोनों मिले। मैं श्री कालिया जी तथा 'नया ज्ञानोदय' के इन प्रबुद्ध पाठकों के प्रति भी कृतज्ञता ज्ञापित करती हूँ।

–शकुन्तला मिश्र

1

आमारे तुमि अशेष करेछो
एमनि लीला तव।
फुराये फेले आबार भरेछो
जीवन नव नव।
कतो जे गिरि कतो जे नदीतीरे
बेड़ाले बहि छोटो ए बाँशिटिरे,
कतो जे तान बाजाले फिरे फिरे
काहारे ताहा कबो।

तोमारि ओइ अमृतपरशे
आमार हियाखानि
हारालो सीमा, विपुल हरषे
उथलि ओठे वाणी।
आमार शुधु एकटि मुठि भरि
दितेछो दान दिवसविभावरी,
हलो ना सारा कत-ना युग धरि,
केवलि आमि लबो।

Thou hast made me endless, such is
thy pleasure.
This frail vessel thou emptiest again
and again,
and fillest it ever with fresh life.
This little flute of a reed
thou hast carried over hills and dales,
and hast breathed through it melodies
eternally new.
At the immortal touch of thy hands
my little heart loses its limits in joy
and gives birth
to utterance ineffable.
Thy infinite gifts come to me only
on these very small hands of mine.
Ages pass,
and still thou pourest,
and still there is room to fill.

1

तुमने मुझे अशेष कर दिया
ऐसी तुम्हारी लीला है।
जीवन को रिक्त कर के पुनः भर दिया
उसे बार-बार नया कर दिया।
कितने पर्वत, कितने नदी तीर
इस छोटी बाँसुरी को वहन कर घूमते रहे,
बार-बार कितनी तान भरते रहे
यह बात मैं किससे कहूँ।

तुम्हारे इस अमृत-स्पर्श से
मेरा हृदय अपनी सीमा भूल गया,
विपुल रूप से हर्षित हो कर
इसकी वाणी उमग उठी।
मेरी केवल एक मुट्ठी भर
तुम दिन-रात दान दे रहे हो,
कितने युगों से तुम्हारा यह दान चल रहा है,
मैं केवल लेता रहूँगा।

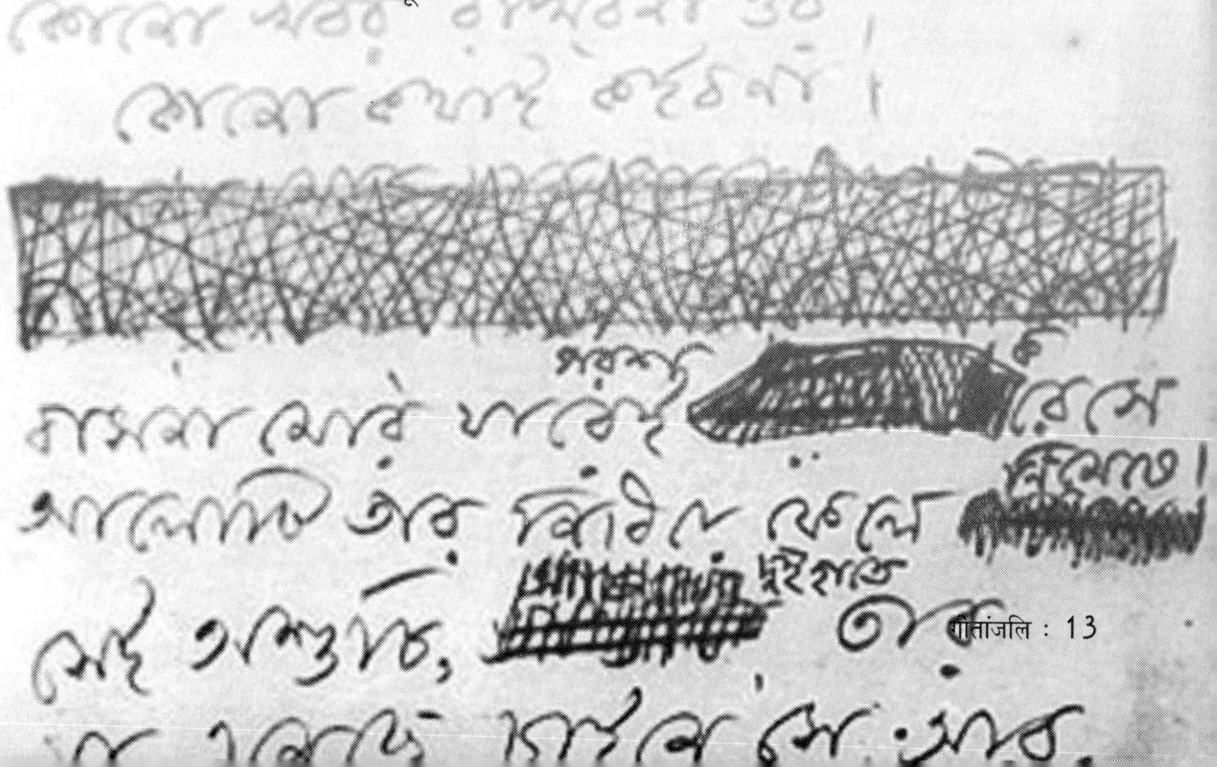

2

तुमि जखन गान गाहिते बलो
गर्व आमार भरे ओठे बुके,
दुइ आँखि मोर करे छलोछलो
निमेषहारा चेये तोमार मुखे।
कठिन कटु जा आछे मोर प्राणे
गलिते चाय अमृतमय गाने,
सब साधना आराधना मम
उड़िते चाय पाखिर मतो सुखे।

तृप्त तुमि आमार गीतरागे,
भलो लागे तोमार भालो लागे—
जानि आमि एइ गानेरइ बले
बसि गिये तोमारि सम्मुखे।

मन दिये जार नागाल नाहि पाइ
गान दिये सेइ चरण छुँये जाइ,
सुरेर घोरे आपनाके जाइ भुले—
बन्धु बले डाकि मोर प्रभुके।

When thou commandest me to sing, it seems that
my heart would break with pride; and I look to thy face,
and tears come to my eyes.
All that is harsh and dissonant in my life melts
into one sweet harmony—and my adoration
spreads wings like a glad bird on its flight across the sea.
I know thou takest pleasure in my singing.
I know that only as a singer I come before thy presence.
I touch by the edge of the far-spreading wing of my
song thy feet which I could never aspire to reach.
Drunk with the joy of singing I forget myself
and call thee friend who art my lord.

2

तुम जब गीत गाने को कहते हो
तब मेरा हृदय गर्व से भर जाता है,
मेरी दोनों आँखें छलछला जाती हैं
मैं अपलक तुम्हारे मुख की ओर निहारता रह जाता हूँ।
मेरे प्राणों में जो कुछ कठोर और कटु है
वह अमृतमय गीतों में गल जाना चाहता है,
मेरी समस्त साधना और आराधना
पंछी की तरह सुखपूर्वक उड़ जाना चाहती है।

तुम मेरे गीत-राग से तृप्त हो जाते हो,
ये गीत तुम्हें अच्छे लगते हैं—
जानता हूँ, इन गीतों के बल पर ही
तुम्हारे सम्मुख जा कर बैठ पाता हूँ।

जो मेरे मन की पहुँच से दूर हैं
गीतों द्वारा उन चरणों को छू लेता हूँ,
सुर की तन्द्रा में स्वयं को भूल जाता हूँ—
अपने प्रभु को बन्धु कह कर पुकारता हूँ।

3

तुमि केमन करे गान करो जे, गुणी,
अवाक हये शुनि केवल शुनि।
सुरेर आलो भुवन फेले छेये,
सुरेर हावा चले गगन बेये,
पाषाण टुटे व्याकुल वेगे धेये
बहिया जाय सुरेर सुरधुनी।

मने करि अमनि सुरे गाइ,
कण्ठे आमार सुर खुँजे ना पाइ।
कइते की चाइ, कइते कथा बाधे—
हार मेने जे परान आमार काँदे—
आमाय तुम फेलेछो कोन् फाँदे
चौदिके मोर सुरेर जाल बुनि।

I know not how thou singest, my
master!
I ever listen in silent amazement.
The light of thy music illumines
the world.
The life breath of thy music runs from
sky to sky.
The holy stream of thy music breaks
through
all stony obstacles and rushes on.
My heart longs to join in thy song,
but vainly struggles for a voice. I
would speak,
but speech breaks not into song, and I
cry out baffled.
Ah, thou hast made my heart captive
in the endless meshes of thy music,
my master!

3

तुम कैसे गीत गाते हो, गुणी!
मैं केवल विस्मित हो कर सुनता हूँ।
सुर का आलोक भुवन में छा जाता है,
सुर की हवा गगन में बहती जाती है,
पाषाण तोड़ कर व्याकुल वेग से दौड़ती हुई
सुरों की सुरधुनी बह जाती है।

मैं भी उसी सुर में गाना चाहता हूँ,
किन्तु अपने कंठ में वह सुर खोज नहीं पाता।
जो कुछ कहना चाहता हूँ वह कह नहीं पाता—
हार मान कर मेरे प्राण रोने लगते हैं—
मेरे चारों ओर सुरों का जाल बुन कर
तुमने मुझे किस फन्दे में डाल दिया!

4

आमार सकल अंगे तोमार परश
लग्न हये रहियाछे रजनीदिवस
प्राणेश्वर, एइ कथा नित्य मने आनि
राखिबो पवित्र करि मोर तनुखानि।
मने तुमि बिराजिछो हे परमज्ञान,
एइ कथा सदा स्मरि मोर सर्वध्यान
सर्वचिन्ता हते आमि सर्वचेष्टा करि
सर्वमिथ्या राखि दिबो दूरे परिहरि।

हृदये रयेछे तव अचल आसन
एइ कथा मने रेखे करिबो शासन
सकल कुटिल द्वेष, सर्व अमंगल—
प्रेमेरे राखिबो करि प्रस्फुट निर्मल।

सर्व कर्मे तव शक्ति एइ जेने सार
करिबो सकल कर्मे तोमारे प्रचार।

Life of my life, I shall ever try
to keep my body pure, knowing that
thy living touch
is upon all my limbs.
I shall ever try to keep all untruths
out from my thoughts,
knowing that thou art that truth which
has kindled
the light of reason in my mind.
I shall ever try to drive all evils
away from my heart
and keep my love in flower, knowing
that thou hast thy seat
in the inmost shrine of my heart.
And it shall be my endeavour to
reveal thee in my actions, knowing it
is thy power gives me strength to act.

4

मेरे सकल अंग में रात-दिन
तुम्हारा स्पर्श हो रहा है।
प्राणेश्वर, मन में नित्य यही सोचता हूँ
अपने तन को मैं पवित्र रखूँगा।
मेरे मन में तुम विराजमान हो हे परम ज्ञान,
इस बात का सर्वदा स्मरण करते हुए, अपने समस्त ध्यान से,
अपनी समस्त चिन्ता से, समस्त चेष्टाओं के द्वारा
समस्त मिथ्या का परिहार कर उन्हें दूर रखूँगा।

मेरे हृदय में तुम्हारा अचल आसन है,
इस बात को ध्यान में रख कर
मैं समस्त कुटिल द्वेष, समस्त अमंगल का दमन करूँगा—
प्रेम को प्रस्फुटित कर के निर्मल रखूँगा।

मेरे समस्त कर्मों में तुम्हारी शक्ति है—इसी को सार जान कर
अपने सकल कर्म के द्वारा तुम्हारा प्रचार करूँगा।

5

तुमि एकटु केवल बसते दियो काछे
आमाय शुधु क्षणेक तरे।
आजि हाते आमार जा-किछु काज आछे
आमि सांग करबो परे।
ना चाहिले तोमार मुखपाने
हृदय आमार विराम नाहि जाने,
काजेर माझे घुरे बेड़ाइ जतो
फिरि कूलहारा सागरे।

बसन्त आज उच्छ्वासे निश्वासे
एल आमार वातायने।
अलस भ्रमर गुंजरिया आसे
फेरे कुंजेर प्रांगणे।
आजके शुधु एकान्ते आसीन
चोखे चोखे चेये थाकार दिन,
आजके जीव-समर्पणेर गान
गाबो नीरव अवसरे।

I ask for a moment's indulgence to sit
by thy side.
The works that I have in hand I will
finish afterwards.
Away from the sight of thy face
my heart knows no rest nor respite,
and my work becomes an endless toil
in a shoreless sea of toil.
To-day the summer has come at
my window
with its sighs and murmurs;
and the bees are plying their
minstrelsy
at the court of the flowering grove.
Now it is time to sit quiet,
face to face with thee, and to sing
dedication of life
in this silent and overflowing leisure.

5

क्षण-भर के लिए तुम
मुझे केवल अपने पास बैठने दो।
आज चाहे जितना भी काम बाकी हो
उसे बाद में पूरा कर लूँगा।
तुम्हारे मुँह की ओर देखे बिना
मेरे हृदय को चैन नहीं मिलता,
काम-काज में जितना ही फँसा रहता हूँ
वह अकूल सागर में भटकने जैसा होता है।

वसन्त आज उच्छ्वास-निश्वास सहित
मेरे वातायन पर आया है,
अलस भ्रमर गुंजन करता हुआ आ कर
कुंज के प्रांगण में चक्कर लगा रहा है।
आज केवल एकान्त में बैठ कर
आँखों में आखें डाल कर देखने का दिन है,
आज जीवन-समर्पण का गीत
नीरव अवकाश में गाऊँगा।

6

छिन्न करो लओ हे मोरे,
आर विलम्ब नय।
धुलाय पाछे झरे पड़ि
एइ जागे मोर भय।
ए फुल तोमार मालार माझे
ठाँइ पाबे कि जानि ना जे,
तबु तोमार आघाततटि तार
भाग्ये जेनो रय।
छिन्न करो, छिन्न करो,
आर विलम्ब नय।

कखन् जे दिन फुरिये जाबे—
आसबे आँधार करे,
कखन् तोमार पूजार वेला
काटबे अगोचरे।
जेटुकु एर रंग धरेछे,
गन्धे सुधाय बुक भरेछे,
तोमार सेबाय लओ सेटुकु
थाकते सुसमय।
छिन्न करो, छिन्न करो,
आर विलम्ब नय।

Pluck this little flower and take it,
delay not!
I fear lest it droop and drop into the
dust.
It may not find a place in thy
garland, but
honour it with a touch of pain from
thy hand
and pluck it. I fear lest the day end
before I am aware,
and the time of offering go by.
Though its colour be not deep and
its smell be faint, use this flower in
thy service
and pluck it while there is time.

6

मुझे तोड़ लो, तोड़ लो,
अब विलम्ब न करो।
झर कर कहीं धूल में न गिर पड़ूँ
इस बात का मुझे भय है।
इस फूल को तुम्हारी माला में
पता नहीं स्थान मिलेगा या नहीं!
तो भी तुम्हारे आघात का
सौभाग्य इसे मिले।
मुझे तोड़ लो, तोड़ लो,
अब विलम्ब न करो।

जाने कब दिन बीत जाएगा—
अँधेरा घिर आएगा,
तुम्हारी पूजा की वेला
जाने कब अगोचर ही बीत जाएगी।
इसमें जितना भी रंग खिला है,
जितनी सुगन्ध और सुधा से इसका हृदय भरा है,
सुसमय रहते-रहते
सब अपनी सेवा में ले लो।
मुझे तोड़ लो, तोड़ लो,
अब विलम्ब न करो।

7

आमार ए गान छेड़ेछे तार
सकल अलंकार
तोमार काछे राखे नि आर
साजेर अहंकार।
अलंकार जे माझे पड़े
मिलनेते आड़ाल करे,
तोमार कथा ढाके जे तार
मुखर झंकार।

तोमार काछे खाटे ना मोर
कबिर गरब करा—
महाकवि तोमार पाये
दिते जाइ जे धरा।
जीवन लये जतन करि
यदि सरल बाँशि गड़ि,
आपन सुरे दिबे भरि
सकल छिद्र तार।

My song has put off her adornments.
She has no pride of dress and decoration.
Ornaments would mar our union;
they would come between thee and me;
their jingling would drown thy whispers.
My poet's vanity dies in shame before thy sight.
O master poet, I have sat down at thy feet.
Only let me make my life simple and straight,
like a flute of reed for thee to fill with music.

7

मेरे इस गीत ने
अपने सारे अलंकार छोड़ दिये,
तुम्हारे सम्मुख इसने
अपने साज का अहंकार नहीं किया।
अलंकार बीच में आ जाने पर
मिलन में बाधक हो जाते हैं,
इनकी मुखर झंकार
तुम्हारी बात को ढक लेती है।

तुम्हारे सम्मुख मेरा कवि का गर्व करना
शोभा नहीं देता—
महाकवि, मैं तो तुम्हारे चरणों में
अर्पित होना चाहता हूँ।
अपने सम्पूर्ण जीवन द्वारा यत्नपूर्वक
मैं यदि सरल बाँसुरी गढ़ूँ,
तो तुम अपने सुरों से
उसके सकल छिद्र भर देना।

8

राजार मतो वेशे तुमि साजाओ जे शिशुरे,
पराओ जारे मणिरतन-हार—
खेलाधुला आनन्द तार सकलि जाय घुरे,
वसन-भूषण हय जे विषम भार।
छेंड़े पाछे आघात लागि,
पाछे धुलाय हय से दागि,
आपनाके ताइ सरिये राखे सबार हते दूरे,
चलते गेले भावूना धरे तार—
राजार मतो वेशे तुमि साजाओ जे शिशुरे,
पराओ जारे मणिरतन-हार।

की हबे, मा अमन-तरो राजार मतो साजे,
की हबे ओइ मणिरतन-हारे—
दुयार खुले दाओ यदि तो छुटि पथेर माझे
रौद्रवायु-धुलाकादार पाड़े।
जेथाय विश्वजनेर मेला,
समस्त दिन नानान खेला,
चारि दिके विराट गाथा बाजे हाजार सुरे,
सेथाय से जे पाय ना अधिकार—
राजार मतो वेशे तुमि साजाओ जे शिशुरे,
पराओ जारे मणिरतन-हार।

The child who is decked with prince's robes
and who has jewelled chains round his neck
loses all pleasure in his play; his dress hampers him at every step.
In fear that it may he frayed, or stained with dust
he keeps himself from the world, and is afraid even to move.
Mother, it is no gain, thy bondage of finery, if it keep one
shut off from the healthful dust of the earth, if it rob one
of the right of entrance to the great fair of common human life.

8

राजा जैसे वेश में तुम जिस शिशु को सजाती हो,
जिसे मणिरतन-हार पहनाती हो—
वह सारे खेल, आनन्द से वंचित हो जाता है,
वसन-भूषण उसके लिए विषम भार हो जाते हैं।
आघात से उसके वस्त्र कहीं फट न जाएँ,
उसमें धूल के दाग न लग जाएँ,
इसलिए वह अपने को सबसे दूर हटा लेता है,
चलते समय वह चिन्तित हो जाता है—
राजा जैसे वेश में तुम जिस शिशु को सजाती हो,
जिसे मणिरतन-हार पहनाती हो।

इस तरह के राजा जैसे वेश से क्या होगा माँ!
क्या होगा इस मणिरतन-हार से—
यदि द्वार खोल दो वह पथ पर दौड़ पड़े
धूप-हवा, धूल-कीचड़ में जाए।
जहाँ विश्वजन का मेला लगा है,
सारे दिन जहाँ नाना प्रकार के खेल चल रहे हैं,
जहाँ चारों ओर हज़ारों सुर में विराट गाथा बज रही है,
वहाँ उसे जाने का अधिकार नहीं मिलता—
राजा जैसे वेश में तुम जिस शिशु को सजाती हो
जिसे मणिरतन-हार पहनाती हो।

৭

आर आमार आमि निजेर शिरे
बइबो ना।
आर निजेर द्वारे काङाल हये
रइबो ना।
एइ बोझा तोमार पाये फेले
बेरिये पड़बो अवहेले–
कोनो खबर राखबो ना ओर,
कोनो कथाइ कइबो ना।
आमाय आमि निजेर शिरे
बइबो ना।

वासना मोर जारेइ परश
करे से
आलोटि तार निबिये फेले
निमेषे।
ओरे, सेइ अशुचि दुइ हाते तार
जा एनेछे चाइ ने से आर,
तोमार प्रेमे बाजबे ना जा
से आर आमि सइबो ना।
आमाय आमि निजेर शिरे
बइबो ना।

O fool, to try to carry thyself upon thy
own shoulders!
O beggar, to come to beg at thy own
door!
Leave all thy burdens on his hands
who can bear all,
and never look behind in regret.
Thy desire at once puts out the
light from
the lamp it touches with its breath. It
is unholy — take not thy gifts through
its unclean hands.
Accept only what is offered by sacred
love.

9

अब अपने सिर पर
स्वयं को वहन नहीं करूँगा।
अब अपने द्वार पर
कंगाल बन कर नहीं रहूँगा।
इस बोझ को तुम्हारे चरणों में फेंक कर
इसकी अवहेलना कर निकल पड़ूँगा—
इसकी कोई खोज-ख़बर नहीं रखूँगा,
इसकी कोई बात नहीं करूँगा।
अपने सिर पर
स्वयं को वहन नहीं करूँगा।

मेरी वासना जिसका भी
स्पर्श करती है
वह एक निमेष में
अपना आलोक बुझा लेता है।
उसके दोनों हाथों में वही अशुचि है,
वह जो ले आयी है उसे अब मैं नहीं चाहता,
तुम्हारे प्रेम में जो ध्वनित न हो
उसे अब मैं नहीं सहूँगा।
अपने सिर पर
स्वयं को वहन नहीं करूँगा।

10

जेथाय थाके सबार अधम दीनेर हते दीन
सेइखाने जे चरण तोमार राजे
सबार पिछे, सबार नीचे,
सब-हारादेर माझे।
जखन तोमाय प्रणाम करि आमि
प्रणाम आमार कोनूखाने जाय थामि—
तोमार चरण जेथाय नामे अपमानेर तले
सेथाय आमार प्रणाम नामे ना जे
सबार पिछे, सबार नीचे,
सब-हारादेर माझे।

अहंकार तो पाय ना नागाल जेथाय तुमि फेरो
रिक्तभूषण दीनदरिद्र साजे
सबार पिछे, सबार नीचे,
सब-हारादेर माझे।
धने माने जेथाय आछे भरि
सेथाय तोमार संग आशा करि—
संगी हये आछो जेथाय संगीहीनेर घरे
सेथाय आमार हृदय नामे ना जे
सबार पिछे, सबार नीचे,
सब-हारादेर माझे।

Here is thy footstool and there rest
thy feet
where live the poorest, and lowliest,
and lost.
When 1 try to bow to thee, my
obeisance
cannot reach down to the depth where
thy feet rest
among the poorest, and lowliest, and
lost.
Pride can never approach to where
thou walkest in the clothes of the
humble
among the poorest, and lowliest, and
lost.
My heart can never find its way to
where
thou keepest company with the
companionless
among the poorest, the lowliest, and
the lost.

10

जहाँ सबसे अधम, दीन से भी दीन रहते हैं,
वहीं तुम्हारे चरण विराज करते हैं
सबसे पीछे, सबसे नीचे,
सर्वहारा जन के बीच।
जब तुम्हें मैं प्रणाम करता हूँ
तब मेरा प्रणाम न जाने कहाँ जा कर थम जाता है–
अपमान के जिस तल तक तुम्हारे चरण उतर जाते हैं,
मेरा प्रणाम वहाँ तक उतर नहीं पाता है
सबसे पीछे, सबसे नीचे,
सर्वहारा जन के बीच।

मेरा अहंकार वहाँ तक पहुँच नहीं पाता
जहाँ तुम रिक्तभूषण, दीन-दरिद्र वेश में विचरण करते हो
सबसे पीछे, सबसे नीचे,
सर्वहारा जन के बीच।
जहाँ धन और मान भरा हुआ है
मैं वहीं तुम्हारे साहचर्य की आशा करता हूँ–
जहाँ तुम संगीहीन के संगी बन कर रहते हो,
मेरा हृदय वहाँ उतर नहीं पाता है
सबसे पीछे, सबसे नीचे,
सर्वहारा जन के बीच।

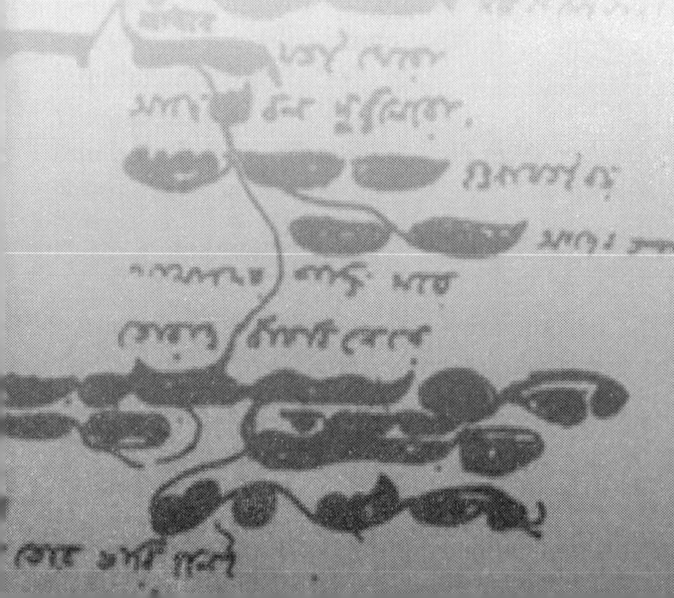

11

भजन पूजन साधन आराधना
समस्त थाक् पड़े।
रुद्धद्वारे देवालयेर कोने
केनो आछिस ओरे।
अन्धकारे लुकिये आपन-मने
काहारे तुइ पूजिस संगोपने,
नयन मेले देख् देखि तुइ चेये–
देवता नाइ घरे।

तिनि गेछेन जेथाय माटि भेंङे
करछे चाषा चाष–
पाथर भेङे काटछे जेथाय पथ,
खाटछे बारो मास।
रौद्र जले आछेन सबार साथे,
धूला ताँहार लेगेछे दुइ हाते–
ताँरि मतन शुचि वसन छाड़ि
आय रे धुलार परे।

मुक्ति? ओरे, मुक्ति कोथाय पाबि,
मुक्ति कोथाय आछे।
आपनि प्रभु सृष्टिबाँधन परे
बाँधा सबार काछे।
राखो रे ध्यान, थाक् रे फुलेरे डालि,
छिड़ुँक वस्त्र, लागुक धुलाबालि–
कर्मयोगे ताँर साथे एक ह्ये

घर्म पड़ुक झरे।

Leave this chanting and singing and
telling of beads!
Whom dost thou worship in this
lonely dark corner of a temple with
doors all shut?
Open thine eyes and see thy God is
not before thee!
He is there where the tiller is
tilling the hard ground
and where the pathmaker is breaking
stones. He is with them
in sun and in shower, and his garment
is covered with dust.
Put off thy holy mantle and even like
him come down
on the dusty soil!
Deliverance? Where is this
deliverance to be found?
Our master himself has joyfully taken
upon him the bonds
of creation; he is bound with us all for
ever.
Come out of thy meditations and
leave aside thy flowers and incense!
What harm is there if thy clothes
become tattered
and stained?
Meet him and stand by him in toil and
in sweat of thy brow.

11

भजन-पूजन, साधना-आराधना
सब छोड़ दो।
रुद्ध-द्वार देवालय के कोने में
तुम क्यों बैठे हो?
अँधेरे में छिप कर मन ही मन
तुम गोपन रूप से किसकी पूजा करते हो,
ज़रा आँखें खोल कर तो देखो—
देवता घर में नहीं हैं।

वे तो गये हैं जहाँ मिट्टी कोड़ कर
किसान खेती करता है—
जहाँ पत्थर तोड़ कर श्रमिक रास्ता बनाता है,
बारहों महीने मेहनत करता है।
धूप-वर्षा में वे सबके साथ हैं,
उनके दोनों हाथ धूल से सने हैं—
उन्हीं की तरह शुचि वस्त्र उतार कर
तुम धूल में आ जाओ।

मुक्ति? अरे मुक्ति कहाँ पाओगे,
मुक्ति कहाँ है!
प्रभु तो स्वयं सृष्टि के बन्धन द्वारा
सबसे बँधे हुए हैं।
ध्यान छोड़ दो, फूलों की डलिया रहने दो,
वस्त्र फट जाने दो, धूल-मिट्टी लगने दो—
कर्मयोग में उनके साथ मिल कर
पसीना बहने दो।

12

अनेक कालेर यात्रा आमार
अनेक दुरेर पथे,
प्रथम बाहिर हयेछिलेम
प्रथम-आलोर रथे।
ग्रहे ताराय बेंके बेंके
पथेर चिह्न एलेम एँके
कतो जे लोक-लोकान्तरेर
अरण्य पर्वते।

सबार चेये काछे आसा
सबार चेये दूर।
बड़ो कठिन साधना, जार
बड़ो सहज सुर।
परेर द्वारे फिरे, शेषे
आसे पथिक आपन देशे—
बाहिर-भुवन घुरे मेले
अन्तरेर ठाकुर।

'एइ जे तुमि' एइ कथाटि
बलबो आमि बले
कत दिकेइ चोख फेरालेम
कत पथेइ चले।
भरिये जगत् लक्ष धाराय
'आछो-आछो' र स्रोत बहे जाय
'कइ तुमि कइ' एइ काँदनेर
नयन-जले गले।

The time that my journey takes is
long
and the way of it long.
I came out on the chariot of the
first gleam of
light, and pursued my voyage through
the wildernesses
of worlds leaving my track on many a
star and planet.
It is the most distant course that
comes
nearest to thyself, and that training is
the most intricate
which leads to the utter simplicity of
a tune.
The traveller has to knock at every
alien door
to come to his own, and one has to
wander
through all the outer worlds to reach
the innermost shrine at the end.
My eyes strayed far and wide
before
I shut them and said, "Here art thou!"
The question and the cry, "Oh,
where?"
melt into tears of a thousand streams
and deluge
the world with the flood of the
assurance, "I am!"

12

अनेक काल की मेरी यात्रा है,
मैं बहुत दूर पथ से आया हूँ,
प्रथम किरणों के रथ पर चढ़ कर
मैं प्रथम बार बाहर निकला था।
कितने ग्रह-तारों में,
कितने लोक-लोकान्तर के
अरण्य-पर्वत में
मैं अपना पथ-चिह्न अंकित कर आया।

तुम्हारे सर्वाधिक निकट पहुँचना ही
सर्वाधिक दूरी तय करना है।
जिसका सुर सबसे सहज है
उसकी साधना बड़ी कठिन है।
दूसरों के द्वार पर जा-जा कर, पथिक
अन्ततः अपने देश लौट आता है
बाहर के भुवन में चक्कर लगा कर
वह अपने अन्तर के देवता से मिल पाता है।

'अरे, तुम यहाँ हो'—
यह बात कह पाने के लिए
मैंने कितनी ओर निहारा,
मैं कितने पथ पर चलता रहा।
जगत् को लाखों धाराओं से भर कर
'तुम हो-तुम हो' का स्रोत बह जाता है,
'तुम कहाँ हो, कहा हो, का रुदन
नयन-जल में गल जाता है।

13

हेथा जे गान गाइते आसा आमार
हयनि से गान गावा—
आजओ केवलइ सुर साधा, आमार
केवल गाइते चावा।

आमार लागे नाइ से सुर, आमार
बाँधे नाइ से कथा—
शुधु प्राणेरइ माझखाने आछे
गानेर व्याकुलता।
आजओ फोटे नाइ से फुल, शुधु
बहेछे एक हावा।

आमि देखि नाइ तार मुख, आमि
शुनि नाइ तार वाणी—
केवल शुनि क्षणे क्षणे ताहार
पायेर ध्वनिखानि।
आमार द्वारेर समुख दिये से जन
करे आसा-जावा।

शुधु आसन पाता हलो आमार
सारादि दिन धरे—
घरे हय नि प्रदीप ज्वाला, तारे
डाकबो केमन करे।
आछि पाबार आशा निये, तारे
हय नि आमार पावा।

The song that I came to sing remains
unsung
to this day.
I have spent my days in stringing
and
in unstringing my instrument.
The time has not come true, the
words
have not been rightly set; only there is
the agony
of wishing in my heart.
The blossom has not opened; only
the wind is sighing by.
I have not seen his face, nor have I
listened to his voice;
only I have heard his gentle footsteps
from the road before my house.
The livelong day has passed
in spreading his seat on the floor; but
the lamp
has not been lit and I cannot ask him
into my house.
I live in the hope of meeting with
him;
but this meeting is not yet.

13

यहाँ मैं जो गीत गाने आया
वह गीत गा न सका–
आज भी केवल सुर ही साधता रहा,
गाने की केवल चाह करता रहा।

मेरे वैसे सुर नहीं लगते,
मैं वैसे बोल नहीं बाँध पाता–
मेरे प्राणों के अन्तर में
केवल गाने की व्याकुलता है।
आज भी वह फूल नहीं खिला,
केवल हवा ही बहती रही।

मैंने उसका मुख नहीं नहीं देखा,
मैंने उसकी वाणी नहीं सुनी–
केवल क्षण-क्षण उसकी
पगध्वनि सुनता रहा।
मेरे द्वार के सम्मुख से
वह आना-जाना करता है।

मैं दिन भर केवल
आसन ही बिछाता रहा–
घर में दीप जलाना नहीं हुआ,
उसे कैसे पुकारूँ?
उसे पाने की आशा ले कर बैठा हूँ
लेकिन अब तक न पा सका।

14

आमि बहु वासनाय प्राणपणे चाइ,
वञ्चित करे बाँचाले मोरे।
ए कृपा कठोर सञ्चित मोर
जीवन भरे।
ना चाहिते मोरे जा करेछो दान,
आकाश आलोक तनु मन प्राण,
दिने दिने तुमि नितेछो आमाय
से महादानेरइ योग्य करे
अति-इच्छार संकट हते
बाँचाये मोरे।

आमि कखनो वा भुलि, कखनो वा चलि
तोमार पथेर लक्ष्य धरे–
तुमि निष्ठुर सम्मुख हते
जाओ जे सरे।
एतो जे तव दया जानि जानि हाय,
निते चाओ बले फिराओ आमाय,
पूर्ण करिया लबे ए जीवन
तव मिलनेरइ योग्य करे
आधा-इच्छार संकट हते
बाँचाये मोरे।

My desires are many and my cry is pitiful,
but ever didst thou save me by hard refusals;
and this strong mercy has been wrought into my life through and through.
Day by day thou art making me worthy
of the simple great gifts that thou gavest to me unasked—
this sky and the light, this body and the life and the mind—
saving me from perils of overmuch desire.
There are times when I languidly linger
and times when I awaken and hurry in search of my goal;
but cruelly thou hidest thyself from before me.
Day by day thou art making me worthy of
thy full acceptance by refusing me ever and anon,
saving me from perils of weak, uncertain desire.

14

मैं बहुत सी वासनाओं को प्राणपण से चाहता हूँ,
उनसे वंचित कर तुमने मुझे बचा लिया।
तुम्हारी यह कठोर कृपा
मेरे जीवन भर का संचय है।
बिना चाहे ही आकाश, आलोक, तन, मन, प्राण का
जो दान तुमने दिया,
दिन-प्रतिदिन तुम मुझे
उस महादान के योग्य बना रहे हो—
अति इच्छाओं के संकट से
मुझे बचा कर।

मैं कभी भूलता हूँ, कभी चलता हूँ
तुम्हारे पथ को लक्ष्य बना कर—
लेकिन तुम निष्ठुर हो
मेरे सम्मुख से हट जाते हो।
यह तो तुम्हारी दया है, मैं यह जानता हूँ,
लेना चाहते हो इसलिए मुझे लौटा देते हो,
अपने मिलन के योग्य बना कर
मेरा यह जीवन पूर्ण कर दोगे—
अधूरी इच्छाओं के संकट से
मुझे बचा कर।

15

आमि हेथाय थाकि शुधु
गाइते तोमार गान,
दियो तोमार जगत्सभाय
एइटुकु मोर स्थान।
आमि तोमार भुवन-माझे
लागि नि, नाथ, कोनो काजे,
शुधु केवल सुरे बाजे
अकाजेर एइ प्राण।

निशार नीरव देवालय
तोमार आराधन,
तखन मोरे आदेश कोरो
गाइते हे राजन।
भोरे जखन आकाश जुड़े
बाजबे वीणा सोनार सुरे
आमि जेनो ना रइ दूरे
एइ दियो मोर मान।

I am here to sing thee songs. In this
hall of thine
I have a corner seat.
In thy world I have no work to do;
my useless life
can only break out in tunes without a
purpose.
When the hour strikes for thy
silent worship
at the dark temple of midnight,
command me,
my master, to stand before thee to
sing.
When in the morning air the
golden harp is tuned,
honour me, commanding my
presence.

15

मैं यहाँ रहता हूँ
केवल तुम्हारे गीत गाने के लिए,
अपनी जगत्-सभा में मुझे
इतना-सा स्थान देना।
मैं तुम्हारे इस भुवन में
किसी काम न आ सका,
मेरे अकर्मण्य प्राण
केवल सुरों में ही बजते रहे।

निशा के नीरव देवालय में
जब तुम्हारी आराधना हो,
तब हे राजन!
मुझे गाने का आदेश देना।
सबेरे जब आकाश को भर कर
सोने के सुर में वीणा बजेगी
तब मैं दूर न रह जाऊँ—
मुझे इतना मान देना।

16

जगते आनन्दयज्ञे आमार निमन्त्रण
धन्य हलो धन्य हलो मानवजीवन।
नयन आमार रूपेर पुरे
साध मिटाये बेड़ाय घुरे,
श्रवण आमार गभीर सुरे
हयेछे मगन।

तोमार यज्ञे दियेछो भार
बाजाइ आमि बाँशि।
गाने गाने गेंथे बेड़ाइ
प्राणेर कान्नाहासि।
एखन समय हयेछे कि।
सभाय गिये तोमाय देखि
जयध्वनि शुनिये जाबो
ए मोर निवेदन।

I have had my invitation to this
world's festival,
and thus my life has been blessed. My
eyes have seen
and my ears have heard.
It was my part at this feast to play
upon
my instrument and I have done all I
could;
Now, I ask, has the time come at
last
when I may go in and see thy face
and offer thee
my silent salutation?

16

जगत् के आनन्द यज्ञ में मेरा निमन्त्रण है।
यह मानव जीवन धन्य हो गया।
मेरे नयन रूप के पुर में
अपनी साध मिटा कर घूमते रहते हैं,
मेरे श्रवण गहन सुर में
मग्न हो गये हैं।

अपने यज्ञ में तुमने
मुझे वंशी बजाने का भार दिया है।
प्राणों के रुदन—हास को
मैं गीत-गीत में गूँथता फिरता हूँ।
अब क्या समय हो गया है?
सभा में जा कर तुम्हें देख आऊँ,
जयध्वनि सुना आऊँ!
तुमसे यही निवेदन है।

17

প্রেমের হাতে ধরা দেবো
তাই রয়েছি বসে;
অনেক দেরি হয়ে গেলো,
দোষী অনেক দোষে।
বিধিবিধান-বাঁধন-ডোরে
ধরতে আসে, জাই জে সরে—
তার লাগি জা শাস্তি নেবার
নেবো মনের তোষে।
প্রেমের হাতে ধরা দেবো
তাই রয়েছি বসে।

লোকে আমায় নিন্দা করে,
নিন্দা সে নয় মিছে—
সকল নিন্দা মাথায় ধরে
রবো সবার নীচে।
শেষ হয়ে জে গেলো বেলা,
ভাঙলো বেচা-কেনার মেলা—
ডাকতে জারা এসেছিলো
ফিরলো তারা রোষে।
প্রেমের হাতে ধরা দেবো
তাই রয়েছি বসে।

I am only waiting for love to give
myself up at last
into his hands. That is why it is so late
and why I have been guilty of such
omissions.
They come with their laws and
their codes
to bind me fast; but I evade them
ever,
for I am only waiting for love
to give myself up at last into his
hands.
People blame me and call me
heedless;
I doubt not they are right in their
blame.
The market day is over and work
is all done
for the busy. Those who came to call
me in vain
have gone back in anger. I am only
waiting for love
to give myself up at last into his
hands.

17

प्रेम के हाथों पकड़े जाने के लिए
मैं बैठा हुआ हूँ;
अब तो बहुत देर हो गयी,
मैं बहुत-से दोषों का दोषी हूँ।
विधि-विधान बन्धन की डोर में
मुझे बाँधने आते हैं, मैं हट जाता हूँ–
इसके लिए मुझे जो भी दंड मिलेगा
वह मैं सहर्ष स्वीकार करूँगा।
प्रेम के हाथों पकड़े जाने के लिए
मैं बैठा हुआ हूँ।

लोग मेरी निन्दा करते हैं,
वह निन्दा झूठी नहीं है,
समस्त निन्दा को सिर पर धारणा कर
मैं सबसे नीचे रहूँगा।
अब तो दिन ढल गया,
क्रय-विक्रय का मेला टूट गया,
जो मुझे बुलाने आये थे
वे रुष्ट हो कर चले गये।
प्रेम के हाथों पकड़े जाने के लिए
मैं बैठा हुआ हूँ।

18

मेघेर परे मेघ जमेछे,
आँधार करे आसे—
आमाय केनो बसिये राखो
एका द्वारेर पाशे।
काजेर दिने नाना काजे
थाकि नाना लोकेर माझे,
आज आमि जे बसे आछि
तोमारि आश्वासे।
आमाय केनो बसिये राखो
एका द्वारेर पाशे।

तुमि यदि ना देखा दाओ
करो आमाय हेला,
केमन करे काटे आमार
एमन बादल-वेला।
दूरेर पाने मेले आँखि
केवल आमि चेये थाकि,
परान आमार केंदे बेड़ाय
दुरन्त बातासे।
आमाय केनो बसिये राखो
एका द्वारेर पाशे।

Clouds heap upon clouds and it
darkens.
Ah, love, why dost thou let me wait
outside at the door all alone?
In the busy moments of the
noontide work
I am with the crowd, but on this dark
lonely day
it is only for thee that I hope.
If thou showest me not thy face, if
thou leavest me
wholly aside, I know not how I am to
pass these
long, rainy hours.
I keep gazing on the far-away
gloom of the sky,
and my heart wanders wailing with
the restless wind.

18

मेघ पर मेघ की तह जमी है
अँधेरा घिरता आ रहा है–
मुझे द्वार के पास
अकेले क्यों बैठाये हुए हो!
काम के दिन तो मैं नाना काम से
नाना लोगों के बीच रहता हूँ,
लेकिन आज तो मैं
तुम्हारे आश्वासन पर बैठा हुआ हूँ।
मुझे द्वार के पास
अकेले क्यों बैठाये हुए हो!

तुम यदि दर्शन नहीं दोगे,
मेरी अवहेलना करोगे,
तो बदली के ऐसे दिन
मैं कैसे काटूँगा।
दूर की ओर आँखें पसार कर
मैं केवल देखता रहता हूँ,
रो-रो कर मेरे प्राण
प्रबल हवा में फिरते रहते हैं।
मुझे द्वार के पास
अकेले क्यों बैठाये हुए हो!

19

ओगो मौन, ना यदि कओ
नाइ कहिले कथा।
वक्ष भरि बइबो आमि
तोमार नीरवता।
स्तब्ध हये रइबो पड़े
रजनी रय जेमन करे
ज्वालिये तारा निमेषहारा
धैर्ये अवनता।

हबे हबे प्रभात हबे,
आँधार जाबे केटे।
तोमार वाणी सोनार धारा
पड़बे आकाश फेटे।
तखन आमार पाखिर बासाय
जागबे कि गान तोमार भाषाय।
तोमार ताने फोटाबे फुल
आमार वनलता?

If thou speakest not I will fill my heart
with thy silence and endure it. I will keep still and wait
like the night with starry vigil and its head bent low
with patience.
The morning will surely come, the darkness
will vanish, and thy voice pour down in
golden streams breaking through the sky.
Then thy words will take wing in songs
from every one of my birds' nests, and thy melodies
will break forth in flowers in all my forest groves.

19

हे मौन, यदि तुम मुझसे
बातें न करो,
तो भी मैं अपने हृदय में भर कर
तुम्हारी नीरवता को वहन करूँगा।
मैं वैसे ही नीरव पड़ा रहूँगा
जैसे रजनी निष्पलक हो,
धैर्य पूर्वक चुपचाप
तारों को जलाये रहती है।

होगा-होगा प्रभात होगा,
अँधेरा छँट जायेगा।
तुम्हारी वाणी सोने की धारा है
जो आकाश से झर पड़ेगी।
तब मेरे पंछी के नीड़ में
तुम्हारे स्वर में क्या मेरे गीत जगेंगे?
तुम्हारी तान में फूल खिलायेगी क्या
मेरी वनलता?

२०

जेदिन फुटलो कमल किछुइ जानि नाइ,
आमि छिलेम अन्यमने।
आमार साजिये साजि तारे आनि नाइ,
से जे रइलो संगोपने।
माझे माझे हिया आकुल-प्राय,
स्वपन देखे चमूके ओठे चाय,
मन्द मधुर गन्ध आसे हाय
कोथाय दखिन-समीरणे।

ओगो सेइ सुगन्ध फिराय उदासिया
आमाय देशे देशान्ते।
जेनो सन्धाने तार ओठे निश्वासिया
भुवन नवीन वसन्ते।
के जानितो दूरे तो नेइ से,
आमारि गो आमारि सेइ जे,
ए माधुरी फुटेछे हाय रे
आमार हृदय-उपवने।

On the day when the lotus bloomed, alas,
my mind was straying, and I knew it not.
My basket was empty and the flower remained unheeded.
Only now and again a sadness fell upon me,
and I started up from my dream and felt a sweet trace
off strange fragrance in the south wind.
That vague sweetness made my heart ache
with longing and it seemed to me that
it was the eager breath of the summer seeking for its completion.
I knew not then that it was so near,
that it was mine and that this perfect sweetness
had blossomed in the depth of my own heart.

20

जिस दिन कमल खिला मैंने कुछ भी नहीं जाना,
मैं तो अनमना था।
अपनी डलिया सजा कर उसे न लाया
वह तो संगोपन ही रहा।
रह-रह कर मेरा हृदय आकुल हो उठता है,
स्वप्न देख कर चौंक जाता है,
मन्द-मधुर गन्ध हाय
किस दखिन पवन से आती है!

अरे, वही सुगन्ध मुझे उदास कर जाती है,
देश-देशान्तर में भटकाती है।
उसी की खोज में सारा भुवन
नवीन वसन्त में साँसें भरने लगता है।
कौन जानता था कि वह दूर नहीं है,
वह तो मेरी है, मेरी ही है,
यह माधुरी खिली है हाय
मेरे ही हृदय-उपवन में।

21

एबार भासिये दिते हबे आमार
एइ तरी।
तीरे बसे जाय जे बेला,
मरि गो मरि।
फुल फोटानो सारा करे
वसन्त जे गेलो सरे,
निये झरा फुलेर डाला
बलो की करि।

जल उठेछे छल्छलिये
ढेउ उठेछे दुले,
मर्मरिये झरे पाता
विजन तरुमूले।
शून्यमने कोथाय ताकास।
सकल बातास सकल आकाश
ओइ पारेर ओइ बाँशिर सुरे
ओठे शिहरि।

I must launch out my boat, The
languid hours
pass by on the shore — Alas for me!
The spring has done its flowering
and taken leave.
And now with the burden of faded
futile flowers
I wait and linger.
The waves have become
clamorous,
and upon the bank in the shady lane
the yellow leaves flutter and fall.
What emptiness do you gaze upon!
Do you not feel a thrill passing
through the air
with the notes of the far away song
floating from the other shore?

21

अब मुझे अपनी यह तरी
बहा देनी होगी।
तीर पर बैठ कर समय बीत जाता है,
हाय केवल मरता रहता हूँ।
फूल खिलाना पूरा कर के
वसन्त तो चला गया,
अब झरे फूलों की डलिया ले कर
बोलो मैं क्या करूँ!

जल छलछला उठा है,
लहरें झूम कर उठने लगी हैं,
विजन तरुमूल में
मर्मर-ध्वनि से पत्ते झरने लगे हैं।
सूने मन से कहाँ देख रहे हो!
सकल वायु और सकल आकाश
इस पार की वंशी के सुर से
सिहर उठे हैं।

22

आजि श्रावणघन-गहन-मोहे
गोपन तव चरण फेले
निशार मतो नीरव ओहे
सबार दिठि एड़ाये एले।
प्रभात आजि मुदेछे आँखि,
बातास वृथा जेतेछे डाकि,
निलाज नील आकाश ढाकि
निविड़ मेघ के दिलो मेले।

कूजनहीन काननभूमि,
दुयार देवा सकल घरे—
एकेला कोन् पथिक तुमि
पथिकहीन पथेर परे।
हे एका सखा, हे प्रियतम,
रयेछे खोला ए घर मम,
समुख दिये स्वपनसम
जेयो ना मोरे हेलाय ठेले।

In the deep shadows of the rainy July,
with secret steps, thou walkest,
silent as night, eluding all watchers.
To-day the morning has closed its
eyes, heedless of
the insistent calls of the loud east
wind,
and a thick veil has been drawn over
the ever-wakeful blue sky.
The woodlands have hushed their
songs,
and doors are all shut at every house.
Thou art the solitary wayfarer in this
deserted street.
Oh, my only friend, my best beloved,
the gates are open in my house
—do not pass by like a dream.

22

आज श्रावण-घन की गहन छाँह में
अपने गोपन चरण रखते हुए
निशा की तरह हे नीरव
तुम सबकी दृष्टि बचा कर आये।
प्रभात ने आज आँखें मूँद लीं,
हवा व्यर्थ ही पुकार रही है,
निर्लज्ज नीले आकाश को ढक कर
निविड़ मेघों को किसने फैला दिया!

काननभूमि कूजनहीन है,
सभी घरों के द्वार बन्द हैं—
इस पथिकहीन पथ पर
तुम एकाकी कौन पथिक हो!
हे निस्संग सखा, हे प्रियतम,
मेरा यह घर खुला हुआ है,
मेरे सम्मुख से सपनों की भाँति
मेरी अवहेलना कर न जाओ।

23

आजि झड़ेर राते तोमार अभिसार
परानसखा बन्धु हे आमार।
आकाश काँदे हताशसम
नाइ जे घुम नयने मम,
दुयार खुलि, हे प्रियतम,
चाइ जे बारे बार।
परानसखा बन्धु हे आमार।

बाहिरे किछु देखिते नाहि पाइ,
तोमार पथ कोथाय भाबि ताइ।
सुदूर कोन् नदीर पारे,
गहन कोन् वनेर धारे,
गभीर कोन् अन्धकारे
हतेछ तुमि पार।
परानसखा बन्धु हे आमार।

Art thou abroad on this stormy night
on thy
journey of love, my friend?
The sky groans like one in despair.
I have no sleep to-night.
Ever and again I open my door
and look out on the darkness, my
friend!
I can see nothing before me. I
wonder
where lies thy path!
By what dim shore of the ink-
black river,
by what far edge of the frowning
forest,
through what mazy depth of gloom
art thou
threading thy course to come to me,
my friend?

23

आज आँधी की रात में तुम्हारा अभिसार है,
प्राणसखा हे बन्धु मेरे।
हताश हो कर आकाश रो रहा है,
मेरी आँखों में नींद नहीं है,
द्वार खोल कर हे प्रियतम,
तुम्हारी राह देख रहा हूँ।
प्राणसखा हे बन्धु मेरे।

बाहर कुछ भी देख नहीं पाता,
तुम्हारा पथ कहाँ है यही सोचता हूँ।
सुदूर किस नदी के पार,
किस गहन वन के किनारे,
किस गहरे अन्धकार में
तुम पार हो रहे हो।
प्राणसखा हे बन्धु मेरे।

24

दिवस यदि सांग हलो, ना यदि गाहे पाखि,
क्लान्त वायु ना यदि आर चले,
एबार तबे गभीर करे फेलो गो मोरे ढाकि
अति निविड़ घनतिमिरतले—
स्वपन दिये गोपने धीरे-धीरे
जेमन करे ढेकेछो धरणीरे,
जेमन करे ढेकेछो मुदिया-पड़ा आँखि,
ढेकेछो तुमि शतदले।

पाथेय जार फुराये आसे पथेर माझखाने,
क्षतिर रेखा उठेछे जार फुटे,
वसनभूषा मलिन हलो धुलाय अपमाने,
शकति जार पड़िते चाय टुटे—
ढाकिया दिक ताहार क्षतव्यथा
करुणाघन गभीर गोपनता,
घुचाये लाज फुटाओ तारे नवीन उषा-पाने
जुड़ाये तारे आँधारसुधाजले।

If the day is done, if birds sing no more,
if the wind has flagged tired, then draw the veil
of darkness thick upon me, even as thou hast
wrapt the earth with the coverlet of sleep and tenderly
closed the petals of the drooping lotus at dusk.
From the traveller, whose sack of provisions
is empty before the voyage is ended,
whose garment is torn and dust-laden,
whose strength is exhausted, remove shame and poverty,
and renew his life like a flower
under the cover of thy kindly night.

24

यदि दिन ढलने लगा हो, यदि पंछी न गायें,
क्लान्त वायु यदि और न चले,
तो मुझे गहन रूप से ढक लो
अति निविड़ घन तिमिर के तले–
सपनों से गोपन रूप में धीरे-धीरे
जैसे ढका है तुमने धरती को,
जैसे ढका है तुमने बन्द होती आँखों को,
और ढके हो शतदल को।

पाथेय जिसका समाप्त होने चले बीच पथ में ही,
क्षति की रेखाएँ जिसकी स्पष्ट हो गयी हों,
वेश-भूषा मलिन हो गयी धूल-अपमान से,
शक्ति जिसकी ढीली पड़ रही हो–
उसकी पीड़ा-व्यथा को ढक दे
करुणाघन तुम्हारी गहन गोपनता,
उसकी लज्जा दूर कर, नवीन उषा के स्पर्श से खिला दो
अँधेरे के सुधाजल से सिंचित कर।

25

माझे माझे कभु जबे अवसाद आसि
अन्तरेर आलोक पलके फेले ग्रासि,
मन्दपदे जबे श्रान्ति आसे तिल तिल,
तोमार पूजार वृन्त करे से शिथिल
म्रियमाण—तखनो ना जेनो करि भय,
तखनो अटल आशा जेनो जेगे रय
तोमा-पाने।

तोमा-परे करिया निर्भर
से श्रान्ति रात्रे जेनो सकल अन्तर
निर्भये अर्पण करि पथधूलितले
निद्रारे आह्वान करि। प्राणपण बले
क्लान्तचित्ते नाहि तुलि क्षीण कलरव
तोमार पूजार अति दरिद्र उत्सव।

रात्रि एने दाओ तुमि दिवसेर चोखे
आबार जागाते तारे नवीन आलोके।

In the night of weariness let me give myself up
to sleep without struggle, resting my trust upon thee.
Let me not force my flagging spirit into
a poor preparation for thy worship.
It is thou who drawest the veil of night
upon the tired eyes of the day
to renew its sight in a fresher gladness of awakening.

25

बीच-बीच में जब कभी अवसाद आ कर
अन्तर के आलोक को पलक भर में ग्रस ले,
मन्द-पद से धीरे-धीरे जब श्रान्ति आये,
तुम्हारी पूजा के वृन्त को वह शिथिल-म्रियमाण कर दे,
तब भी मैं न डरूँ,
तब भी मेरी अटल आशा
तुम्हारी ओर जगी रहे।

तुम पर निर्भर हो कर,
श्रान्ति की उस रात में, अपने सकल अन्तर को
निर्भय हो कर अर्पित करूँ, तुम्हारी पथ-धूलि के तले
निद्रा का आह्वान कर।
तुम्हारी पूजा के अति दरिद्र उत्सव में,
प्राणपण से, क्लान्तचित्त हो, क्षीण कलरव न करूँ।

दिवस की आँखों में तुम रात ला देते हो—
उसे पुनः नवीन आलोक में जगा देने के लिए।

26

से जे पाशे एसे बसेछिलो
तबु जागि नि।
की घुम तोरे पेयेछिलो,
हतभागिनी।
एसेछिलो नीरव राते,
वीणाखानि छिलो हाते,
स्वपन-माझे बाजिये गेलो
गभीर रागिनी।

जेगे देखि दखिन हावा
पागल करिया
गन्ध ताहार भेसे बेड़ाय
आँधार भरिया।
केनो आमार रजनी जाय,
काछे पेये काछे ना पाय,
केनो गो तार मालार परश
बुके लागे नि।

He came and sat by my side but I
woke not.
What a cursed sleep it was, O
miserable me!
He came when the night was still;
he had his harp in his hands, and my
dreams
became resonant wirh its melodies.
Alas, why are my nights all thus
lost?
Ah, why do I ever miss his sight
whose breath
touches my sleep?

26

वह तो पास आ कर बैठा था,
तो भी मैं नहीं जगी।
तुझे कैसी नींद आयी थी
अरे हतभागिनी!
वह नीरव रात में आया था,
उसके हाथों में वीणा थी,
मेरे सपनों में वह
गहन रागिनी बजा गया।

मैंने जग कर देखा–
दक्षिण हवा पागल कर के
अँधेरे को भर कर
अपनी गन्ध फैला रही है।
मेरी रजनी क्यों व्यर्थ ही बीत रही है,
उसे पास पा कर भी पास नहीं पाया,
उसकी माला का स्पर्श
मेरे वक्ष से क्यों नहीं हुआ!

27

कोथाय आलो, कोथाय ओरे आलो!
विरहानले ज्वालो रे तारे ज्वालो।
रयेछे दीप, ना आछे शिखा,
एइ कि भाले छिलो रे लिखा–
इहार चेये मरण से जे भालो।
विरहानले प्रदीपखानि ज्वालो।

वेदनादूती गाहिछे, 'ओरे प्राण,
तोमार लागि जागेन भगवान।
निशीथे घन अन्धकारे
डाकेन तोरे प्रेमाभिसारे,
दुःख दिये राखेन तोर मान।
तोमार लागि जागेन भगवान।'

गगनतल गियेछे मेघे भरि,
बादलजल पड़िछे झरि झरि।
ए घोर राते किसेर लागि
परान मन सहसा जागि
एमन केन करिछे मरि मरि।
बादलजल पड़िछे झरि झरि।

बिजुलि शुधु क्षणिक आभा हाने,
निविड़तर तिमिर चोखे आने।
जाने ना कोथा अनेक दूरे
बाजिलो गान गभीर सुरे,
सकल प्राण टानिछे पथपाने।
निविड़तर तिमिर चोखे आने।

Light, oh where is the light? Kindle it
with the burning fire of desire!
There is the lamp but never a
flicker of a flame,
—is such thy fate, my heart! Ah,
death were
better by far for thee!
Misery knocks at thy door,
and her message is that thy lord is
wakeful,
and he calls thee to the love-tryst
through the darkness of night.
The sky is overcast with clouds
and the rain is ceaseless. I know not
what this is that
stirs in me, — I know not its
meaning.
A moment's flash of lightning
drags down
a deeper gloom on my sight, and my
heart gropes
for the path to where the music of the
night calls me.
Light, oh where is the light!
Kindle it
with the burning fire of desire! It
thunders

27

आलोक कहाँ है, अरे आलोक कहाँ है!
उसे विरहानल से जला लो रे जला लो।
दीप है, लेकिन शिखा नहीं है,
भाग्य में क्या यही लिखा था!
इससे अच्छा तो मरण ही है।
विरहानल से प्रदीप तो जला लो।

वेदनादूती गा रही है—
'अरे, प्राण, तुम्हारे लिए भगवान जग रहे हैं।
रात्रि के गहन अन्धकार में
तुम्हें प्रेमाभिसार में बुला रहे हैं,
वे दुःख दे कर तुम्हारा मान रखते हैं।
तुम्हारे लिए भगवान जग रहे हैं।

गगन-तल मेघ से भर गया,
बादल का जल झर-झर बरस रहा है।
इस गहन रात्रि में न जाने क्यों,
मेरे प्राण सहसा जग कर
इस प्रकार से व्याकुल हैं।
बादल का जल झर-झर बरस रहा है।

बिजली केवल क्षणिक आभा चमकाती है,
निविड़तर तिमिर आँखों में लाती है।
नहीं जानता कहाँ बहुत दूर
गहन सुर में गीत बज उठा,
सकल प्राण पथ की ओर खींच रहा है।
निविड़तर तिमिर आँखों में लाता है।

कोथाय आलो, कोथाय ओरे आलो।
विरहानले ज्वालो रे तारे ज्वालो।
डाकिछे मेघ, हाँकिछे हावा–
समय गेले हबे ना जावा,
निविड़ निशा निकषघन कालो।
परान दिये प्रेमेर दीप ज्वालो।

and the wind rushes screaming
through the void.
The night is black as a black stone.
Let not the hours pass by in the dark.
Kindle the lamp of love with thy life.

आलोक कहाँ है, अरे आलोक कहाँ है!
उसे विरहानल से जला लो रे जला लो।
मेघ गरज रहा है, हवा हुंकार भर रही है—
समय बीत जाने पर जाना नहीं होगा,
गहन निशा निकष जैसी काली है।
प्राणों से प्रेम का दीप जला लो।

28

जड़ाये आछे बाधा, छाड़ाये जेते चाइ–
छाड़ाते गेले व्यथा बाजे।
मुक्ति चाहिबारे तोमार काछे जाइ,
चाहिते गेले मरि लाजे।
जानि हे तुमि मम जीवने श्रेयतम,
एमन धन आर नाहि जे तोमा-सम,
तबु जा भाङाचोरा घरेते आछे पोरा
फेलिया दिते पारि ना जे।

तोमारे आबरिया धुलाते ढाके हिया,
मरण आने राशि राशि–
आमि जे प्राण भरि तादेर घृणा करि,
तबुओ ताइ भालोबासि।
एतोइ आछे बाकि, जमेछे एतो फाँकि–
कतो जे विफलता, कतो जे ढाकाढाकि–
आमार भालो ताइ चाहिते जबे जाइ
भय जे आसे मनोमाझे।

Obstinate are the trammels, but my heart aches
when I try to break them.
Freedom is all I want, but
to hope for it I feel ashamed.
I am certain that priceless wealth is in thee,
and that thou art my best friend, but I have not
the heart to sweep away the tinsel that fills my room.
The shroud that covers me is
a shroud of dust and death;
I hate it, yet hug it in love.
My debts are large, my failures great,
my shame secret and heavy; yet when I come
to ask for my good, I quake in fear
lest my prayer be granted.

28

बाधाएँ लिपटी हुई हैं, उन्हें छुड़ाना चाहता हूँ—
लेकिन छुड़ाने पर पीड़ा होती है।
मुक्ति माँगने के लिए तुम्हारे पास जाता हूँ,
लेकिन माँगते ही लाज से मर जाता हूँ।
जानता हूँ तुम मेरे जीवन में श्रेयतम हो,
तुम्हारे समान और कोई धन नहीं है,
तो भी घर में टूटे-फूटे मैंने जो भर रखे हैं
उन्हें फेंक नहीं पाता।

तुम्हें आवृत कर के हृदय धूल से ढक जाता है,
मरण निकट आने लगता है—
मैं जी भर इनसे घृणा करता हूँ,
तो भी इन्हें ही प्यार करता हूँ
कितना बाकी चढ़ गया, कितने छलावे भी जमा हो गये,
कितनी विफलताएँ हैं, कितने लुकाव-छिपाव हैं—
इसलिए जब भी तुमसे अपना भला चाहने जाता हूँ
तो मन में भय समा जाता है।

29

आमार नामटा दिये ढेके राखि जारे
मरछे से एइ नामेर कारागारे।
सकल भुले जतोइ दिवाराति
नामटारे ओइ आकाश-पाने गाँथि,
ततोइ आमार नामेर अन्धकारे
हाराइ आमार सत्य आपनारे।

जड़ो करे धूलिर परे धूलि
नामटारे मोर उच्च करे तुलि।
छिद्र पाछे हय रे कोनोखाने
चित्त मम विराम नाहि माने,
जतन करि जतोइ ए मिथ्यारे
ततोइ आमि हाराइ आपनारे।

He whom I enclose with my name
is weeping in this dungeon.
I am ever busy building this wall all around;
and as this wall goes up into the sky day by day
I lose sight of my true being in its dark shadow.

I take pride in this great wall, and I plaster it
with dust and sand lest a least hole should be left
in this name; and for all the care I take
I lose sight of my true being.

29

अपने नाम से जिसे मैं ढक कर रखता हूँ
वह इस नाम के कारागार में मर रहा है।
सब कुछ भूल कर जितना भी दिनरात
नाम को आकाश की ओर गूँथता हूँ,
उतना ही अपने नाम के अंधकार में
अपने सत्य स्वरूप को खो देता हूँ।

धूल पर धूल की तह जमा कर
अपने नाम को ऊँचा कर लेता हूँ,
इसमें कही छिद्र न हो जाए—
यह सोच कर मेरे चित्त को चैन नहीं मिलता,
इस मिथ्या का जितना ही जतन करता हूँ
उतना ही अपने आप को खो देता हूँ।

30

एकला आमि बाहिर हलेम
तोमार अभिसारे,
साथे साथे के चले मोर
नीरव अन्धकारे।
छाड़ाते चाइ अनेक करे,
घुरे चलि, जाइ जे सरे,
मने करि आपद गेछे—
आबार देखि तारे।

धरणी से काँपिये चले,
विषम चञ्चलता।
सकल कथार मध्ये से चाय
कइते आपन कथा।
से जे आमार आमि, प्रभु,
लज्जा ताहार नाइ जे कभु—
तारे निये कोन् लाजे वा
जाबो तोमार द्वारे।

I came out alone on my way to my
tryst.
But who is this that follows me in the
silent dark?
I move aside to avoid his presence
but I escape him not.
He makes the dust rise from the
earth
with his swagger; he adds his loud
voice
to every word that I utter.
He is my own little self, my lord,
he knows
no shame; but I am ashamed
to come to thy door in his company.

30

तुमसे अभिसार करने
मैं अकेले ही बाहर निकला,
इस नीरव अन्धकार में
मेरे साथ-साथ कौन चल रहा है
इससे पीछा छुड़ाने की बहुत कोशिश करता हूँ,
मुड़ कर चलता हूँ, वह हट जाता है,
सोचता हूँ विपदा टल गयी–
लेकिन वह फिर दिखायी पड़ता है।

वह धरती को कँपाता चलता है,
उसमें ऐसी चंचलता है।
सभी बातों में वह
अपनी ही बात कहना चाहता है।
वह तो मेरा मैं है, प्रभु,
उसे कभी लाज नहीं आती–
उसे ले कर किस मुँह से
तुम्हारे द्वार पर आऊँ।

31

बन्दी, तोरे के बेंधेछे
एतो कठिन करे?

प्रभु आमाय बेंधेछे जे
वज्रकठिन डोरे।
मने छिलो सबार चेये
आमिइ हबो बड़ो,
राजार कड़ि करेछिलेम
निजेर घरे जड़ो।
घुम लागिते शुयेछिलेम
प्रभुर शय्या पेते,
जेगे देखि बाँधा आछि
आपन भाण्डारेते।

बन्दी ओगो, के गड़ेछे
बज्रबाँधनखानि?

आपनि आमि गड़ेछिलेम
बहु जतन मानि।
भेवेछिलेम आमार प्रताप
करबे जगत् ग्रास,
आमि रबो एकला स्वाधीन
सबाइ हबे दास।
ताइ गड़ेछि रजनी दिन
लोहार शिकलखाना—
कतो आगुन कतो आघात
नाइको तार ठिकाना।
गड़ा जखन शेष हयेछे
कठिन सुकठोर,
देखि आमाय बन्दी करे
आमारि एइ डोर।

"Prisoner, tell me, who was it that
bound you?"
"It was my master," said the prisoner.
"I thought
I could outdo everybody in the world
in wealth and power, and I amassed in
my own
treasure-house
the money due to my king. When
sleep overcame me
I lay upon the bed that was for my
lord, and on waking up
I found I was a prisoner in my own
treasure-house,"
"Prisoner, tell me, who was it
that wrought this unbreakable chain?"
"It was I," said the prisoner, "who
forged this chain
very carefully. I thought my
invincible power
would hold the world captive leaving
me in a freedom undisturbed.
Thus night and day I worked at the
chain
with huge fires and cruel hard strokes.
When at last
the work was done and the links were
complete
and unbreakable,
I found that it held me in its grip."

31

बन्दी, तुम्हें किसने बाँधा है
इतने कठोर बन्धन में?

प्रभु ने मुझे बाँधा है
वज्र-कठोर डोर में।
सोचा था, मैं ही
सबसे बड़ा हो जाऊँगा,
राजा का धन मैंने
अपने घर में जमा कर लिया था।
मैं प्रभु का बिछौना बिछा कर
उस पर गहरी नींद में सो गया था,
जगने पर देखा, मैं बँधा हुआ हूँ
अपने ही भंडार में।

बन्दी, किसने गढ़ा है
इस वज्र बन्धन को?

बहुत यत्नपूर्वक
इसे मैंने स्वयं गढ़ा है।
सोचा था, मेरा प्रताप
सारे संसार को ग्रस लेगा,
मैं अकेला स्वाधीन रहूँगा,
सभी मेरे दास होंगे।
इसलिए मैंने दिन-रात
लोहे की इस शृंखला को गढ़ा—
इसे कितनी आग में तपाया, कितने आघात किए
इसका ठिकाना नहीं।
जब इसे गढ़ना समाप्त हुआ,
यह सुदृढ़ और सुकठोर हो गया,
तब देखता हूँ कि मेरी ही इस डोर ने
मुझे बन्दी बना लिया है।

32

संसारेते आर जाहारा
आमाय भालोबासे
तारा आमाय धरे राखे
बेंधे कठिन पाशे।
तोमार प्रेम जे सबार बाड़ा
ताइ तोमारि नूतन धारा—
बाँधो नाको, लुकिये थाको,
छेड़ेइ राखो दासे।

आर-सकले, भुलि पाछे,
ताइ राखे ना एका।
दिनेर परे काटे जे दिन,
तोमारि नेइ देखा।
तोमाय डाकि नाइ-वा डाकि,
जा खुशि ताइ निये थाकि,
तोमार खुशि चेये आछे
आमार खुशिर आशे।

By all means they try to hold me
secure
who love me in this world.
But it is otherwise with thy love
which is greater than theirs,
and thou keepest me free.
Lest I forget them they never
venture to
leave me alone. But day passes by
after day
and thou art not seen.
If I call not thee in my prayers,
if I keep not thee in my heart,
thy love for me still waits for my
love.

32

संसार में मुझे अन्य जो भी
प्यार करते हैं,
वे मुझे अपने कठोर बन्धन में
बाँध कर रखते हैं।
तुम्हारा प्रेम तो सबसे न्यारा है
इसलिए तुम्हारी यह नूतन धारा है—
तुम बाँधते नहीं, छिपे रहते हो,
दास को छोड़े रहते हो।

कहीं उन्हें भूल न जाऊँ—
इसलिए अन्य मुझे अकेले नहीं छोड़ते।
दिन-पर-दिन बीतते जाते हैं,
लेकिन तुम तो दिखाई नहीं पड़ते।
तुम्हें पुकारूँ या न पुकारूँ,
चाहे अपनी ख़ुशियों में मगन रहूँ,
मेरी ख़ुशियों की आश लगा कर
तुम्हारी ख़ुशी राह देखती रहती है।

33

तारा दिनेर वेला एसेछिलो
आमार घरे–
बलेछिलो, 'एकटि पाशे
रइबो पड़े।'
बलेछिलो, 'देवतासेवाय
आमरा हबो तोमार सहाय–
जा-किछु पाइ प्रसाद लबो
पूजार परे।'

एमनि करे दरिद्र क्षीण
मलिन वेशे
संकोचेते एकटि कोणे
रइलो एसे।
राते देखि प्रबल हये
पाशे आमार देवालये,
मलिन हाते पूजार बलि
हरण करे।

When it was day they came into my
house and said,
"We shall only take the smallest room
here."
They said, "We shall help you in
the worship of your God
and humbly accept only our own
share of his grace;"
and then they took their seat in a
corner
and they sat quiet and meek.
But in the darkness of night I find
they break into
my sacred shrine, strong and
turbulent,
and snatch with unholy greed the
offerings from God's
altar.

33

वे दिन के समय आये थे
मेरे घर में—
कहा था, 'एक किनारे
पड़े रहेंगे।'
कहा था, 'देवता की सेवा में
हम तुम्हारे सहायक होंगे—
जो कुछ भी प्रसाद मिलेगा
पूजा के बाद ग्रहण करेंगे।'

इस प्रकार दरिद्र क्षीण
मलिन वेश में
संकोचपूर्वक आ कर
वे एक कोने में पड़े रहे।
रात में देखता हूँ, प्रबल हो कर
उन्होंने मेरे देवालय में प्रवेश किया,
मलिन हाथों से वे पूजा की बलि
हरण कर रहे हैं।

34

तोमाय आमार प्रभु करे राखि,
आमार आमि सेइटुकु थाक् बाकि।
तोमाय आमि हेरि सकल दिशि,
सकल दिये तोमार माझे मिशि,
तोमारे प्रेम जोगाइ दिवानिशि
इच्छा आमार सेइटुकु थाक् बाकि–
तोमाय आमार प्रभु करे राखि।

तोमाय आमि कोथाओ नाहि ढाकि,
केवल आमार सेइटुकु थाक् बाकि।
तोमार लीला हबे ए प्राण भरे
ए संसारे रेखेछो ताइ धरे,
रइबो बाँधा तोमार बाहुडोरे
बाँधन आमार सेइटुकु थाक् बाकि–
तोमाय आमार प्रभु करे राखि।

Let only that little be left of me
whereby
I may name thee my all.
Let only that little be left of my
will whereby
I may feel thee on every side,
and come to thee in everything,
and offer to thee my love every
moment.
Let only that little be left of me
whereby
I may never hide thee.
Let only that little of my fetters be
left whereby
I am bound with thy will, and thy
purpose is
carried out in my life — and that is
the fetter of thy love.

34

तुम्हें अपना प्रभु बना कर रखूँ,
मेरा मैं बस इतना ही बाकी रहे।
तुम्हें सभी दिशाओं में देखूँ,
सब कुछ द्वारा तुममें मिल जाऊँ,
तुम्हारा प्रेम दिन-रात सँजोऊँ,
मुझमें इतनी ही इच्छा बाकी रहे–
तुम्हें अपना प्रभु बना कर रखूँ।

तुम्हें मैं कहीं भी न ढकूँ,
मेरा केवल इतना ही बाकी रहे।
तुम्हारी लीला इन प्राणों को भर कर होगी
इस संसार में तुमने इसलिए पकड़ रखा है,
मैं तुम्हारी बाहु-डोर में बँधा रहूँगा
मेरा बन्धन बस इतना ही बाकी रहे–
तुम्हें अपना प्रभु बना कर रखूँ।

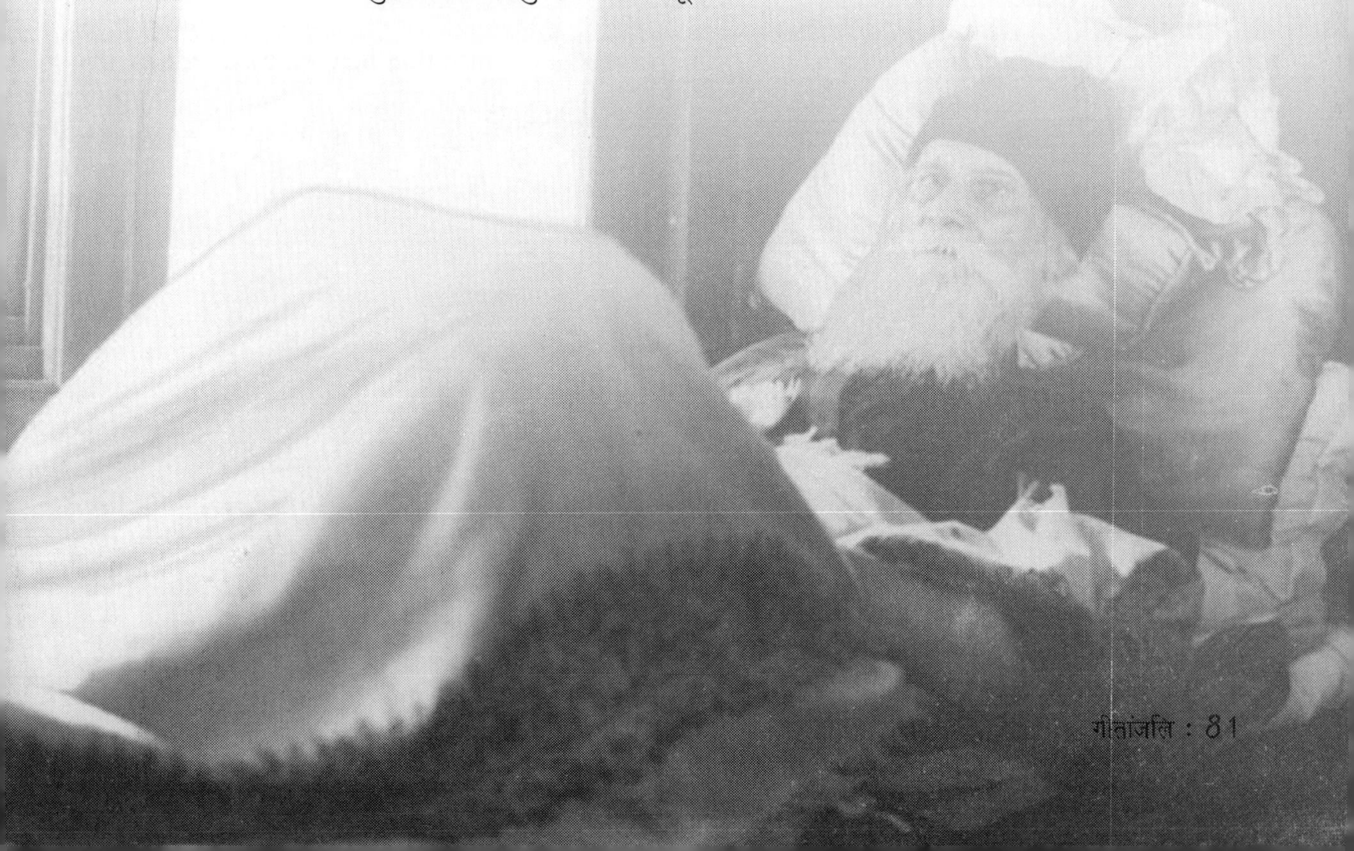

35

चित्त जेथा भयशून्य, उच्च जेथा शिर,
ज्ञान जेथा मुक्त, जेथा गृहेर प्राचीर
आपन प्रांगणतले दिवसशर्वरी
वसुधारे राखे नाइ खण्ड क्षुद्र करि,
जेथा वाक्य हृदयेर उत्समुख हते
उच्छ्वसिया ओठे, जेथा निर्वारित स्रोते
देशे देशे दिशे दिशे कर्मधारा धाय
अजस्र सहस्रविध चरितार्थताय–

जेथा तुच्छ आचारेर मरूबालुराशि
विचारेर स्रोतःपथ फेले नाइ ग्रासि,
पौरुषेरे करे नि शतधा–नित्य जेथा
तुमि सर्व कर्म चिन्ता आनन्देर नेता–

निजहस्ते निर्दय आघात करि, पितः,
भारतेरे सेइ स्वर्गे करो जागरित।

Where the mind is without fear and
the head is held high;
Where knowledge is free;
Where the world has not been
broken up into fragments
by narrow domestic walls;
Where words come out from the
depth of truth;
Where tireless striving stretches its
arms
towards perfection;
Where the clear stream of reason
has not lost its way
into the dreary desert sand of dead
habit;
Where the mind is led forward by
thee into ever-widening thought and
action —
Into that heaven of freedom, my
Father,
let my country awake.

35

चित्त जहाँ भयशून्य हो, सिर जहाँ ऊँचा हो,
ज्ञान जहाँ मुक्त हो, जहाँ पर दीवारों ने
अपने आँगन में दिन-रात
वसुधा को खंडित, क्षुद्र कर के नहीं रखा है,
वाक्य जहाँ हृदय के उत्स-मुख से
उच्छ्वसित होता है, जहाँ कार्य-धारा अबाध स्रोत में
देश-देश में, दिशा-दिशा में प्रवाहित होती है
अजस्र सहस्र-विध चरितार्थता में—

जहाँ तुच्छ आचारों की मरु-बालुकाराशि ने
विचारों के स्रोत-पथ को ग्रस नहीं लिया है,
पौरुष को शतधा नहीं किया है—नित्य जहाँ
तुम समस्त कर्म-चिन्ता-आनन्द के नेता हो—

अपने हाथों से निर्मम आघात कर के, हे पिता,
भारत को उस स्वर्ग में जागरित करो।

36

तव काछे एइ मोर शेष निवेदन—
सकल क्षीणता मम करह छेदन
दृढ़बले, अन्तरेर अन्तर हइते,
प्रभु मोर! वीर्य देहो सुखेर सहिते
सुखेरे कठिन करि। वीर्य देहो दुखे,
जाहे दुःख आपनारे शान्तस्मितमुखे
पारे उपेक्षिते। भकतिरे वीर्य देहो,
कर्मे जाहे हय से सफल, प्रीति स्नेह
पुण्ये ओठे फुटि। वीर्य देहो क्षुद्रजने
ना करिते हीनज्ञान, बलेर चरणे
ना लुटिते। वीर्य देहो चित्तेरे एकाकी
प्रत्यहेर तुच्छतार ऊर्ध्वे दिते राखि।

वीर्य देहो तोमार चरणे पाति शिर
अहर्निशि आपनारे राखिबारे स्थिर।

This is my prayer to thee, my lord —
strike, strike at
the root of penury in my heart.
Give me the strength lightly to
bear my joys and
sorrows.
Give me the strength to make my
love fruitful in
service.
Give me the strength never to
disown the poor or
bend my knees before insolent might.
Give me the strength to raise my
mind high above
daily trifles.
And give me the strength to
surrender my
strength to thy will with love.

36

तुमसे मेरा यह शेष निवेदन है—
मेरी सकल क्षीणता को मेरे अन्तर्मन से दूर करो।
प्रभु मेरे! मुझे शक्ति दो सुख में,
जिससे सुख को मैं कठोर बना कर सह सकूँ।
शक्ति दो मेरे दुःख को जिससे वह
शान्त-स्मित मुख से अपनी उपेक्षा कर सके।
मेरी भक्ति को शक्ति दो जिससे वह कर्म में सफल हो सके—
प्रीति, स्नेह, पुण्य में प्रस्फुटित हो कर।
मुझे शक्ति दो जिससे दीनजन को हीन न समझूँ,
बलवान के चरणों में न लोटूँ।
मुझे शक्ति दो जिससे चित्त को
नित्य की तुच्छता से ऊपर रख सकूँ।

मुझे शक्ति दो जिससे तुम्हारे चरणों में शीश नवाऊँ—
अहर्निश अपने को स्थिर रखने के लिए।

37

भेबेछिनु मने जा हबार तारि शेषे
यात्रा आमार बुझि थेमे गेछे एसे।
नाइ बुझि पथ, नाइ बुझि आर काज,
पाथेय जा छिलो फुरायेछे बुझि आज,
जेते हबे सरे नीरव अन्तराले
जीर्ण जीवने छिन्न मलिन वेशे।

की निरखि आजि एकि अफुरान लीला–
एकि नवीनता बहे अन्तःशीला।
पुरातन भाषा मरे एलो जबे मुखे
नवगान हये गुमरि उठिलो बुके,
पुरातन पथ शेष हये गेलो जेथा
सेथाय आमारे आनिले नूतन देशे!

I thought that my voyage had come to its end
at the last limit of my power,—
that the path before me was closed,
that provisions were exhausted and
the time come to take shelter in a silent obscurity.
But I find that thy will knows no end in me.
And when old words die out on the tongue,
new melodies break forth from the heart;
and where the old tracks are lost,
new country is revealed with its wonders.

37

मुझे लगा था, जो होना था उसी के अन्त में
मेरी यात्रा आ कर शायद थम गयी है।
शायद अब आगे पथ नहीं है, कोई काम भी नहीं बचा,
जितना पाथेय था वह आज निःशेष हो गया,
अब मुझे नीरव अन्तराल में चले जाना होगा—
जीर्ण जीवन सहित, छिन्न मलिन वेश में।

किन्तु आज यह कैसी अन्तहीन लीला देख रहा हूँ—
यह कैसी नवीनता है जो अन्तःशीला हो बह रही है।
पुरातन भाषा मुख में तो मौन हो गयी,
किन्तु वही हृदय में नवगान हो कर गूँज उठी,
पुरातन पथ आ कर जहाँ समाप्त हो गया—
वहीं मुझे वह एक नूतन देश में ले आया!

38

चाइ गो आमि तोमारे चाइ
तोमाय आमि चाइ—
एइ कथाटि सदाइ मने
बोलते जेनो पाइ।
आर जा-किछु वासनाते
घुरे बेड़ाइ दिने राते
मिथ्या से-सब मिथ्या, ओगो,
तोमाय आमि चाइ।

रात्रि जेमन लुकिये राखे
आलोर प्रार्थनाइ,
तेमनि गभीर मोहेर माझे
तोमाय आमि चाइ।
शान्तिरे झड़ जखन हाने
शान्ति तबु चाय से प्राणे,
तेमनि, तोमाय आघात करि
तबु तोमाय चाइ।

That I want thee, only thee—
let my heart repeat without end.
All desires that distract me, day and night,
are false and empty to the core.
As the night keeps hidden in its gloom
the petition for light, even thus in the depth
of my unconsciousness rings the cry—
"I want thee, only thee".
As the storm still seeks its end in peace
when it strikes against peace with all its might,
even thus my rebellion strikes against thy love
and still its cry is - "I want thee, only thee".

38

चाहता हूँ, मैं तुम्हें चाहता हूँ
तुम्हें ही चाहता हूँ—
इस बात को सर्वदा अपने मन में
मैं कह सकूँ।
मेरी और जो भी वासनाएँ हैं
जिनके पीछे मैं दिन-रात दौड़ता रहता हूँ,
मिथ्या हैं, वे सब मिथ्या हैं,
मैं तो तुम्हें ही चाहता हूँ।

रात जैसे छिपा कर रखती है—
आलोक की प्रार्थना को,
वैसे ही गहन मोह के बीच
मैं तुम्हें ही चाहता हूँ।
झंझा जब शान्ति पर प्रहार करती है
तब भी वह प्राणों में शान्ति ही चाहती है,
वैसे ही तुम पर आघात कर के भी
मैं तुम्हें ही चाहता हूँ।

39

जीवन जखन शुकाये जाय
करुणाधाराय एसो।
सकल माधुरी लुकाये जाय,
गीतसुधारसे एसो।
कर्म जखन प्रबल-आकार
गरजि उठिया ढाकि चारि धार
हृदयप्रान्ते हे नीरव नाथ,
शान्तचरणे एसो।

आपनारे जबे करिया कृपण
कोणे पड़े थाके दीनहीन मन
दुयार खुलिया, हे उदार नाथ,
राजसमारोहे एसो।
वासना जखन विपुल धुलाय
अन्ध करिया अबोधे भुलाय
ओहे पवित्र, ओहे अनिद्र,
रुद्र आलोके एसो।

When the heart is hard and parched
up, come upon me
with a shower of mercy.
When grace is lost from life, come
with a burst of song.
When tumultuous work raises its
din on all sides
shutting me out from beyond, come to
me, my lord of
silence, with thy peace and rest.
When my beggarly heart sits
crouched, shut up
in a corner, break open the door, my
king, and come
with the ceremony of a king.
When desire blinds the mind with
delusion and dust,
O thou holy one, thou wakeful, come
with thy light
and thy thunder.

39

जब जीवन सूख जाय
तब करुणा-धारा के रूप में आओ।
जब सकल माधुरी विलीन हो जाय,
तब गीत-सुधा-रस बन कर आओ।
कर्म जब प्रबल आकार धारण कर के
गर्जन करते हुए चारों दिशाओं को ढक ले,
तब हे नीरव नाथ, मेरे हृदय-प्रान्त में
शान्त चरणों से आओ।

अपने को जब कृपण कर के
दीन-हीन मन कोने में पड़ा रहे
तब द्वार खोल कर हे उदार नाथ,
राज-समारोह पूर्वक आओ।
वासना जब विपुल धूल से
अन्धा कर के अबोध को भ्रमित करे
तब हे पवित्र, हे अनिद्र,
रुद्र आलोक बन कर आओ।

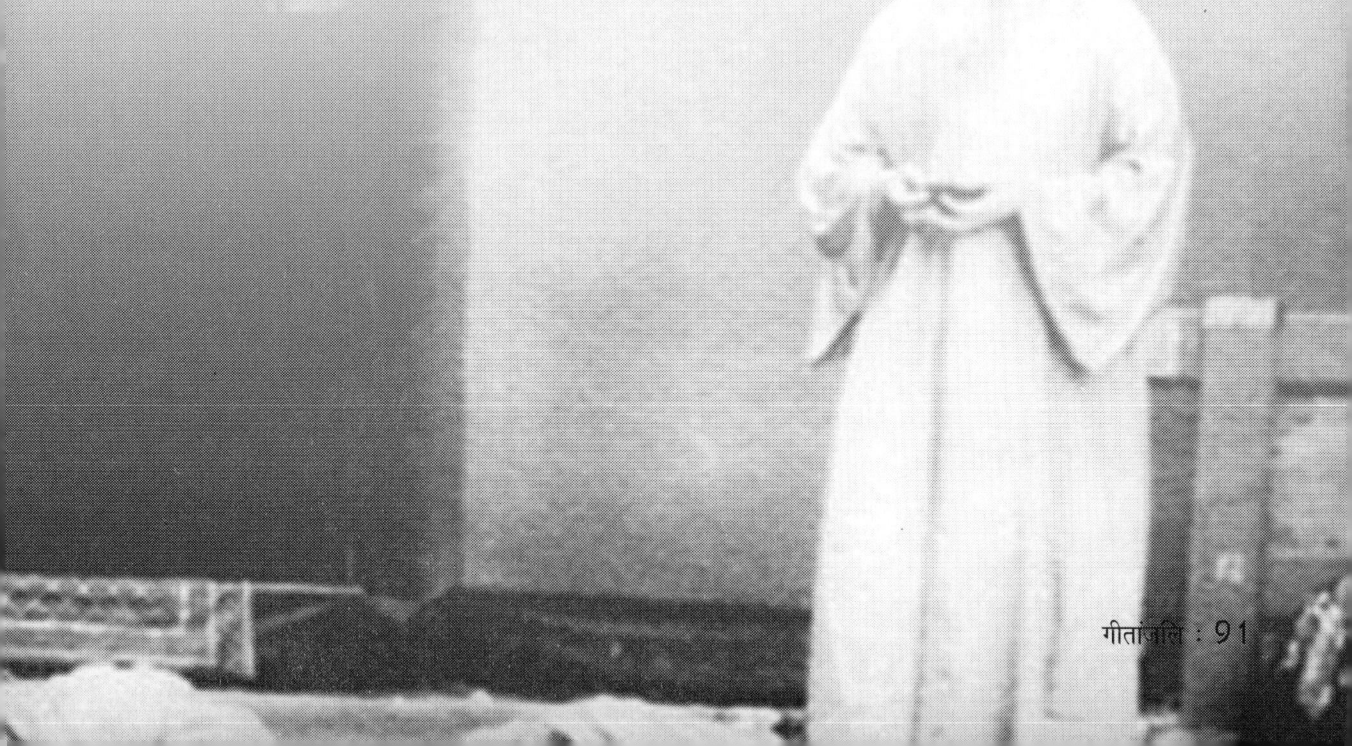

40

दीर्घकाल अनावृष्टि, अति दीर्घकाल,
हे इन्द्र, हृदये मम। दिक्‌चक्रवाल
भयंकर शून्य हेरि, नाइ कोनोखाने
सरस सजल रेखा–केह नाहि आने
नववारिवर्षणेर श्यामल संवाद।

यदि इच्छा हय, देव, आनो वज्रनाद
प्रलयमुखर हिंस्र झटिकार साथे
पले पले विद्युतेर वक्र कशाघाते
सचकित करो मोर दिग्‌दिगन्तर।
संहरो संहरो, प्रभो, निस्तब्ध प्रखर
एइ रुद्र, एइ व्याप्त, ए निःशब्द दाह,
निःसह नैराश्यताप। चाहो नाथ, चाहो,
जननी जेमन चाहे सजलनयाने
पितार क्रोधेर दिने सन्तानेर पाने।

The rain has held back for days and
days, my God,
in my arid heart. The horizon is
fiercely naked — not the thinnest
cover of a soft cloud, not the
vaguest hint of a distant cool shower.
Send thy angry storm, dark with
death,
if it is thy wish, and with lashes of
lightning
startle the sky from end to end.
But call back, my lord, call back
this pervading silent heat, still and
keen and cruel,
burning the heart with dire despair.
Let the cloud of grace bend low
from above
like the tearful look of the mother
on the day of the father's wrath.

40

दीर्घकाल से मेरे हृदय में अनावृष्टि है,
हे इन्द्र, अति दीर्घकाल से।
क्षितिज में भयंकर शून्य देखता हूँ,
कहीं भी सरस, सजल रेखा नहीं है—
नववर्षा का आनन्दजनक संवाद कोई नहीं लाता।

यदि इच्छा हो तो हे देव, हिंस्र आँधी के साथ
प्रलय-मुखर वज्रनाद लाओ।
पल-पल विद्युत के प्रखर कोड़ों के प्रहार से
मेरे दिग्-दिगन्त को चकित कर दो।
संहरण करो, संहरण करो हे प्रभु, इस प्रखर रुद्र को,
उसकी व्याप्ति और निःशब्द दाह को,
असह निराशा के ताप को। हे नाथ,
मुझे वैसे ही निहारो जैसे पिता के क्रुद्ध होने पर
जननी निहारती है सजल नेत्रों से सन्तान को।

41

कोथा छायार कोणे दाँड़िये तुमि किसेर प्रतीक्षाय
केनो आछो सबार पिछे?
जारा धुलापाये धाय गो पथे, तोमाय ठेले जाय,
तारा तोमाय भावे मिछे।
आमि तोमार लागि कुसुम तुलि, बसि तरुर मूले
आमि साजिये राखि डालि—
ओगो, जे आसे सेइ एकटि—दुटि निये जे जाय तुले,
आमार साजि हय जे खालि।

ओगो, सकाल गेलो, विकाल गेलो, सन्ध्या हये आसे,
चोखे लागछे घुमघोर।
सबाइ घरेर पाने जाबार वेला आमाय देखे हासे,
मने लज्जा लागे मोर।
आमि बसे आछि बसनखानि टेने मुखेर परे
जेनो भिखारिनीर मतो—
केह शुधाय यदि 'की चाओ तुमि', थाकि निरुत्तर
करि दुटि नयन नत।

आजि कोन् लाजे वा बलबो आमि तोमाय शुधु चाहि,
आमि बलबो केमन करे—
शुधु तोमारि पथ चेये आमि रजनी दिन बाहि,
तुमि आसबे आमार तरे।
आमार दैन्यखानि यत्ने राखि, राजैश्वर्ये तव
तारे दिबो विसर्जन—
ओगो, अभागिनीर ए अभिमान काहार काछे कबो,
ताहा रइलो संगोपने।

आमि सुदूर-पाने चेये चेये भावि आपन-मने
हेथा तृणे आसन मेले—
तुमि हठात् कखन हेथाय विपुल आयोजने
तोमार सकल आलो ज्वेले।
तोमार रथेर परे सोनार ध्वजा झलबे झलोमल,
साथे बाजबे बाँशिर तान—

Where dost thou stand behind them
all,
my lover, hiding thyself in the
shadows?
They push thee and pass thee by on
the dusty road,
taking thee for naught.
I wait here weary hours spreading my
offerings for thee,
while passers-by come and take
my flowers, one by one, and
my basket is nearly empty.
The morning time is past, and the
noon.
In the shade of evening my eyes are
drowsy with sleep.
Men going home glance at me
and smile and fill me with shame.
I sit like a beggar maid, drawing my
skirt over my face, and
when they ask me, what it is I want,
I drop my eyes and answer them not.
Oh, how, indeed, could I tell them
that for thee I wait, and that thou
hast promised to come? How could I
utter for shame that I keep for my
dowry
this poverty? Ah, I hug this pride
in the secret of my heart.
I sit on the grass and gaze upon the
sky

41

तुम कहाँ, किस छाया की ओट में, किसकी प्रतीक्षा में,
सबसे पीछे क्यों खड़े हो?
जो धूल-सने पाँव से पथ पर दौड़ते हैं, तुम्हें ठेल आगे बढ़ते हैं,
वे तुम्हें मिथ्या समझते हैं।
मैं तुम्हारे लिए फूल चुनती हूँ, पेड़ के नीचे बैठ कर
डलिया सजा रखती हूँ–
हे प्रिय, जो भी आता है वह एक-दो फूल उठा ले जाता है,
मेरी डलिया ख़ाली हो जाती है।

हे प्रिय, सबेरा गुजरा, दिन ढला, साँझ घिर आयी,
मेरी आँखों में नींद छा रही है।
घर की ओर जाते समय सभी मुझे देख कर हँसते हैं,
मैं लज्जित हो जाती हूँ।
मैं मुँह पर आँचल खींच बैठी हुई हूँ
मानो कोई भिखारिन हो–
कोई यदि पूछता है, 'तुम्हें क्या चाहिए' तो निरुत्तर रहती हूँ,
दोनों आँखें नत कर लेती हूँ।

आज किस मुँह से कहूँ कि मैं केवल तुम्हें ही चाहती हूँ,
मैं कैसे यह बात कहूँ–
केवल तुम्हारी ही राह देखती रात-दिन बिता रही हूँ–
इस आशा में कि तुम मेरे लिए आओगे।
अपने दैन्य को मैंने यत्नपूर्वक रखा है,
तुम्हारे राजैश्वर्य पर उसे विसर्जित करूँगी–
हे प्रिय अभागिनी का यह अभिमान किससे कहूँ,
यह संगोपन ही रहा।

मैं यहाँ तृण का आसन बिछा कर सुदूर की ओर देख-देख
मन-ही-मन सोचती हूँ–
तुम अपना समस्त आलोक प्रज्ज्वलित कर के विपुल आयोजन से
यहाँ अचानक कब आओगे!

तोमार प्रताप-भरे वसुन्धरा करबे टलोमल,
आमार उठबे नेचे प्राण।

तखन पथेर लोके अवाक् हये सबाइ चेये रबे,
तुमि नेमे आसबे पथे।
हेसे दु हात धरे धुला हते आमाय तुले लबे
तुमि लबे तोमार रथे।
आमार भूषणविहीन मलिन वेशे भिखारिनीर साजे
तोमार दाँड़ाबो वाम पाशे
तखन लतार मतो काँपबो आमि गर्वे सुखे लाजे
सकल विश्वेर सकाशे।

ओगो, समय बये जाच्छे चले, रयेछि कान पेते—
कोथा कइ गो चाकार ध्वनि!
तोमार ए पथ दिये कतो-ना लोक गर्वे गेलो मेते
कतोइ जागिये रनरनि!
तबे तुमिइ कि गो नीरव हये रबे छायार तले—
तुमि रबे सबार शेषे—
हेथाय भिखारिनीर लज्जा कि गो झरबे नयन-जले?
तारे राखबे मलिन वेशे?

and dream of the sudden splendour of
thy coming—
all the lights ablaze, golden pennons
flying over thy car,
and they at the roadside standing
agape,
when they see thee come down
from thy seat
to raise me from the dust, and set
at thy side this ragged beggar girl
a-tremble with shame and pride, like
a creeper in a summer breeze.
But time glides on and still no
sound of
the wheels of thy chariot. Many a
procession
passes by with noise and shouts and
glamour of glory.
Is it only thou who wouldst stand
in the shadow silent and behind them
all?
And only I who would wait and weep
and wear out my heart in vain
longing?

तुम्हारे रथ पर सोने की झलमल ध्वजा झलकेगी,
साथ में बाँसुरी की तान गूँजेगी—
तुम्हारे प्रताप से भर कर वसुन्धरा टलमल करेगी,
मेरे प्राण नाच उठेंगे।

तब पथ के सभी अवाक् हो कर देखते रहेंगे,
तुम पथ पर उतर आओगे।
हँस कर मेरे दोनों हाथ पकड़ कर मुझे धूल से उठा लोगे,
अपने रथ पर बैठा लोगे।
अपने भूषण-विहीन मलिन वेश में, भिखारिन के रूप में मैं
तुम्हारे वाम पार्श्व में खड़ी हो जाऊँगी,
तब समग्र विश्व के समक्ष मैं गर्व, सुख और लाज से
लता की तरह काँप उठूँगी।

हे प्रिय, समय बीतता जा रहा है, मैं कान लगाये हुए हूँ—
कहाँ है चक्के की ध्वनि!
तुम्हारे इस पथ से कितने चले गये गर्व से मत्त हो,
कितना कोलाहल करते!
किन्तु तुम क्या नीरव रह कर रहोगे छाया की ओट में—
रहोगे सबसे पीछे—
यहाँ भिखारिन की लज्जा क्या नयन-जल से झरेगी?
उसे मलिन वेश में रखोगे?

42

कथा छिलो एक-तरीते केवल तुमि आमि
जाबो अकारणे भेसे केवल भेसे,
त्रिभुवने जानबे ना केउ आमरा तीर्थगामी
कोथाय जेतेछि कोन् देशे से कोन् देशे।
कूलहारा सेइ समुद्र-माझखाने
शोनाबो गान एकला तोमार काने,
ढेउयेर मतन भाषा-बाँधन-हारा
आमार सेइ रागिनी शुनबे नीरव हेसे।

आजो समय हय नि कि तार, काज कि आछे बाकि।
ओगो ओइ-जे सन्ध्या नामे सागरतीरे।
मलिन आलोय पाखा मेले सिन्धुपारेर पाखि
आपन कुलाय-माझे सबाइ एलो फिरे।
कखन तुमि आसबे घाटेर परे
बाँधनटुकु केटे देबार तरे।
अस्तरविर शेष आलोटिर मतो
तरी निशीथ-माझे जाबे निरुद्देशे।

Early in the day it was whispered that
we should sail in a boat, only thou
and I,
and never a soul in the world would
know
of this our pilgrimage to no country
and to no end.
In that shoreless ocean, at thy
silently listening smile
my songs would swell in melodies,
free as waves,
free from all bondage of words.
Is the time not come yet?
Are there works still to do?
Lo, the evening has come down upon
the shore
and in the fading light the seabirds
come flying to their nests.
Who knows when the chains will
be off,
and the boat, like the last glimmer of
sunset,
vanish into the night?

42

बात तो यही थी कि एक तरी में केवल मैं और तुम
अकारण बहते, केवल बहते चले जायेंगे,
त्रिभुवन में कोई जान नहीं सकेगा कि हम तीर्थगामी
कहाँ, किस देश चले जा रहे हैं।
कूल-विहीन उस समुद्र के बीच
केवल तुम्हारे कानों में गीत सुनाऊँगा,
लहरों जैसी भाषा-बन्धनहीन
मेरी वह रागिनी नीरव हँस कर सुनोगे।

आज भी क्या वह समय नहीं आया? काम क्या अब भी बाकी है?
देखो, सागर-तीर पर सन्ध्या उतर रही है।
मलिन प्रकाश में सिन्धु-पार के पंछी
पंख पसारे अपने बसेरे में लौट आये हैं।
तुम घाट पर कब आओगे–
मेरे बन्धन काट देने के लिए!
अस्तरवि की अन्तिम किरणों की तरह
रात्रि के अन्धकार में तरी निरुद्देश्य चली जायेगी।

43

तखन करि नि, नाथ, कोनो आयोजन
विश्वेर सबार साथे, हे विश्वराजन्,
अज्ञाते आसिते हासि आमार अन्तरे
कतो शुभदिने; कतो मुहूर्तेर परे
असीमेर चिह्न लिखे गेछो। लइ तुलि
तोमार स्वाक्षर-आँका सेइ क्षणगुलि—
देखि तारा स्मृति-माझे आछिलो छड़ाये
कतो-ना धूलिर साथे, आछिलो जड़ाये
क्षणिकेर कतो तुच्छ सुखदुःख घिरे।

हे नाथ, अवज्ञा करि जाओ नाइ फिरे
आमार से धुलास्तूप खेलाघरे देखे।
खेला-माझे शुनिते पेयेछि थेके थेके
जे चरणध्वनि, आज शुनि ताइ बाजे
जगत्-संगीत-साथे चन्द्रसूर्य-माझे।

The day was when I did not keep myself
in readiness for thee;
and entering my heart unbidden
even as one of the common crowd,
unknown to me, my king,
thou didst press the signet of eternity
upon many a fleeting moment of my life.
And to-day when by chance
I light upon them and see thy signature,
I find they have lain scattered in the dust
mixed with the memory of joys and sorrows
of my trivial days forgotten.
Thou didst not turn in contempt
from my childish play among dust,
and the steps that I heard in my playroom
are the same that are echoing from star to star.

43

हे नाथ, तब मैंने कोई आयोजन नहीं किया था,
हे विश्वराजन्, विश्व के सबके साथ
तुमने अनजाने ही हँसकर मेरे हृदय में प्रवेश किया,
कितने शुभदिनों में; कितने मुहूर्त के बाद
अपने असीमत्व का चिह्न अंकित किया।
तुम्हारे स्वाक्षर-अंकित उन क्षणों को देखता हूँ–
तो पाता हूँ कि वे कितनी धूल भरी
मेरी स्मृति में बिखरे हुए हैं,
कितने तुच्छ, क्षणिक सुख-दुख के साथ लिपटे हुए हैं।

हे नाथ, मेरे उस धूलि-स्तूप, क्रीड़ागृह को देख
उसकी अवज्ञा कर के लौट न जाओ।
खेल के बीच रह-रह कर जिस चरण-ध्वनि को
मैंने सुना, आज उसी की प्रतिध्वनि
जगत्-संगीत के साथ चन्द्र-सूर्य में भी सुन पा रहा हूँ।

44

आमार एइ पथ-चावातेइ
आनन्द।
खेले जाय रौद्र छाया,
वर्षा आसे
वसन्त।
कारा एइ समुख दिये
आसे जाय खबर निये,
खुशि रइ आपन मने,
बातास बहे
सुमन्द।

सारादिन आँखि मेले
दुयारे रबो एका।
शुभखन हठात् एले
तखनि पाबो देखा।
ततोखन क्षणे क्षणे
हासि गाइ मने मने,
ततोखन रहि रहि
भेसे आसे
सुगन्ध।
आमार एइ पथ-चावातेइ
आनन्द।

This is my delight, thus to wait and watch
at the wayside where shadow chases light
and the rain comes in the wake of the summer.
Messengers, with tidings from unknown skies,
greet me and speed along the road.
My heart is glad within, and
the breath of the passing breeze is sweet.
From dawn till dusk I sit here before my door,
and I know that of a sudden
the happy moment will arrive when I shall see.
In the meanwhile I smile and I sing all alone.
In the meanwhile the air is filling
with the perfume of promise.

44

इस प्रकार पथ निहारने में ही
मुझे आनन्द है।
खेल चल रहा है धूप-छाँह का
वर्षा और
वसन्त का।
मेरे सम्मुख इनका संदेश लेकर
कौन आता-जाता है।
मैं तो अपने में मग्न हो कर प्रसन्न रहता हूँ,
हवा मन्द-मन्द
बहती जाती है।

दिन भर पलक बिछाये
द्वार पर अकेला रहूँगा।
हठात् जब शुभ-क्षण आयेगा
तब तुम्हें देख सकूँगा।
तब तक मैं क्षण-क्षण
मन ही मन हँसता-गाता रहूँगा,
तब तक रह-रह कर
सुगन्ध
बहती आयेगी।
इस प्रकार पथ निहारने में ही
मुझे आनन्द है।

45

तोरा शुनिस नि कि शुनिस नि तार पायेर ध्वनि,
ओइ जे आसे, आसे, आसे।
युगे युगे पले पले दिन-रजनी
से जे आसे, आसे, आसे।
गेयेछि गान जखन जतो
आपन-मने ख्यापार मतो
सकल सुरे बेजेछे तार
आगमनी–
से जे आसे, आसे, आसे।

कतो कालेर फागुन-दिने वनेर पथे
से जे आसे, आसे, आसे।
कतो श्रावण-अन्धकारे मेघेरे रथे
से जे आसे, आसे, आसे।
दुखेर परे परम दुखे
तारि चरण बाजे बुके,
सुखे कखनू बुलिये से देय
परशमणि।
से जे आसे, आसे, आसे।

Have you not heard his silent steps?
He comes, comes, ever comes.
Every moment and every age,
every day and every night
he comes, comes, ever comes.
Many a song have I sung in many
a mood of mind,
but all their notes have always
proclaimed,
"He comes, comes, ever comes".
In the fragrant days of sunny April
through the
forest path he comes, comes, ever
comes.
In the rainy gloom of July nights
on the thundering
chariot of clouds he comes, comes,
ever comes.
In sorrow after sorrow it is his
steps that press upon
my heart, and it is the golden touch of
his feet that makes
my joy to shine.

45

तुमने सुनी नहीं, क्या सुनी नहीं उसकी पग-ध्वनि,
देखो वह आ रहा है, आ रहा है, आ रहा है।
युग-युग, पल-पल, दिवस-रजनी
वह तो आ रहा है, आ रहा है, आ रहा है।
मैंने जब भी, जितने भी गीत
गाये हैं अपनी धुन में पागलों की तरह
उन सभी सुरों में उसी के आगमन की
ध्वनि गूँजी है–
वह तो आ रहा है, आ रहा है, आ रहा है।

जाने कब से, फागुन के दिनों में वन के पथ से
वह आ रहा है, आ रहा है, आ रहा है।
जाने कब से, सावन के अँधेरे में मेघों के रथ पर
वह आ रहा है, आ रहा है, आ रहा है।
दुःख के चरम क्षणों में
मेरे हृदय में उसी के चरण बजते हैं,
सुख के दिनों में जाने कब वह
पारसमणि सहला देता है।
वह तो आ रहा है, आ रहा है, आ रहा है।

46

आमार मिलन लागि तुमि
आसछो कबे थेके।
तोमार चन्द्र सूर्य तोमाय
राखबे कोथाय ढेके।
कतो कालेर सकाल-साँझे
तोमार चरणध्वनि बाजे,
गोपने दूत हृदय-माझे
गेछे आमाय डेके।

ओगो पथिक, आजके आमार
सकल परान व्येपे
थेके थेके हरष जेनो
उठछे केंपे केंपे।
जेनो समय एसेछे आज,
फुरालो मोर ज़ा छिल काज—
बातास आसे, हे महाराज,
तोमार गन्ध मेखे।

I know not from what distant time
thou
art ever coming nearer to meet me.
Thy sun and stars
can never keep
thee hidden from me for aye.
In many a morning and eve thy
footsteps
have been heard and thy messenger
has come
within my heart and called me in
secret.
I know not why to-day my life is
all astir,
and a feeling of tremulous joy
is passing through my heart.
It is as if the time were come to
wind up my work,
and I feel in the air
a faint smell of thy sweet presence.

46

मुझसे मिलने के लिए
तुम न जाने कब से आ रहे हो।
तुम्हारे चन्द्र-सूर्य तुम्हें
ढक कर कहाँ रखेंगे!
न जाने कितने काल से सबेरे-साँझ
तुम्हारी चरण-ध्वनि बजती है,
तुम्हारा दूत मेरे हृदय में गोपन रूप से आ कर
मुझे बुला गया है।

हे पथिक, आज मेरे
समस्त प्राण को भर कर
रह-रह कर मानो हर्ष की लहर
कम्पित हो रही है।
मानो आज समय आ गया है,
मेरे समस्त कार्य पूरे हो गये—
हे महाराज, हवा बह रही है
तुम्हारी गन्ध लपेट कर।

47

पथ चेये तो काटलो निशि,
लागछे मने भय—
सकाल-वेला घुमिये पड़ि
यदि एमन हय!
यदि तखन हठात् एसे
दाँड़ाय आमार दुयार-देशे!
वनच्छायाय घेरा ए घर
आछे तो तार जाना—
ओगो, तोरा पथ छेड़े दिस,
करिस ने केउ माना।

यदि वा तार पायेर शब्दे
घुम ना भाङे मोर,
शपथ आमार, तोरा केहो
भाङास ने से घोर।
चाइ ने जागते पाखिर रवे
नतुन आलोर महोत्सवे,
चाइ ने जागते हावाय आकुल
बकुल फुलेर बासे—
तोरा आमाय घुमोते दिस
यदिइ वा से आसे।

ओगो, आमार घुम जे भालो
गभीर अचेतने
यदि आमाय जागाय तारिइ
आपन परशने।

The night is nearly spent waiting for
him in vain.
I fear lest in the morning he suddenly
come to my door
when I have fallen asleep wearied
out.
Oh, friends, leave the way open to
him
—forbid him not.
If the sound of his steps does not
wake me,
do not try to rouse me, I pray.
I wish not to be called from my sleep
by the clamorous choir of birds,
by the riot of wind at the festival of
morning light.
Let me sleep undisturbed even if

47

राह देखते-देखते रात बीत गयी,
मन में डर लग रहा है—
कहीं ऐसा न हो कि
प्रातःकाल मुझे नींद आ जाय।
यदि वह सहसा आकर
मेरे द्वार पर खड़ा हो जाय!
वन-छाया से घिरा यह घर
उसका पहचाना हुआ है—
अरे, तुम उसकी राह छोड़ देना,
कोई उसे मना न करना।

यदि उसकी पग-ध्वनि से
मेरी नींद न खुले,
मेरी शपथ है, तुम कोई भी
मेरी नींद न तोड़ना।
पक्षियों के कलरव से नवीन आलोक के महोत्सव में
मैं जगना नहीं चाहती,
हवा से आकुल बकुल फूल की सुगन्ध से
मैं जगना नहीं चाहती—
यदि वह आ भी जाये तो
तुम मुझे सोने देना।

मेरी यह नींद बहुत अच्छी है,
क्योंकि मैं जब घोर अचेतन अवस्था में रहूँगी
तब वह आ कर अपने स्पर्श से
मुझे जगायेगा।

घुमेर आवेश जेमनि टुटि
देखबो तारइ नयन दुटि
मुखे आमार तारइ हासि
पड़बे सकौतुके–
से जेनो मोर सुखेर स्वपन
दाँड़ाबे सम्मुखे।

से आसबे मोर चोखेर परे
सकल आलोर आगे–
ताहारइ रूप मोर प्रभातेर
प्रथम हये जागे।
प्रथम चमक लागबे सुखे
चेये तारइ करुण मुखे,
चित्त आमार उठबे केंपे
तार चेतनाय भरे–
तोरा आमाय जागास ने केउ,
जागाबे सेइ मोरे।

my lord comes of a sudden to my door.
Ah, my sleep, precious sleep,
which only waits for his touch to vanish.
Ah, my closed eyes
that would open their lids only
to the light of his smile
when he stands before me like a dream
emerging from darkness of sleep.
Let him appear before my sight
as the first of all lights and forms.
The first thrill of joy to my awakened soul
let it come from his glance.
And let my return to myself be
immediate return to him.

जैसे ही मेरी नींद खुलेगी
मैं उसके नयनों को देखूँगी,
वह मेरी ओर देख कर
कौतुकपूर्वक हँस रहा होगा—
वह मानो मेरा सुखदायक सपना होगा
जो मेरे सम्मुख आ कर खड़ा होगा।

समस्त आलोक के आने के पूर्व
वह मेरी आँखों के सामने आयेगा—
प्रभातवेला में सबसे पहले
मैं उसी का रूप देखूँगी।
उसी के करुण मुख को देख कर
मुझे सुख का प्रथम स्पर्श मिलेगा,
उसकी चेतना से भर कर
मेरा चित्त कम्पित होगा—
कोई भी मुझे न जगाना,
वह स्वयं मुझे जगायेगा।

48

तखन आकाशतले ढेउ तुलेछे
पाखिरा गान गेये।
तखन पथेर दुटि धारे
फुल फुटेछे भारे भारे,
मेघेर कोने रङ धरेछे—
देखेनि केउ चेये।
मोरा आपन-मने व्यस्त हये
चलेछिलेम धेये।

मोरा सुखेर वशे गाइ नि तो गान,
करि नि केउ खेला।
चाइ नि भुले डाहिन-बाँये,
हाटेर लागि जाइ नि गाँये,
हासि नि केउ, कइ नि कथा—
करि नि केउ हेला।
मोरा ततोइ वेगे चलेछिलेम
जतोइ बाड़े वेला।

शेषे सूर्य जखन माझ-आकाशे,
कपोत डाके वने,
तप्त हावाय घुरे घुरे
शुकनो पाता बेड़ाय उड़े,
बटेर तले राखाल-शिशु
घुमाय अचेतने—
आमि जलेर धारे शुलेम ऐसे
श्यामल तृणासने।

The morning sea of silence broke into
ripples
of bird songs; and the flowers were all
merry
by the roadside; and the wealth of
gold was scattered through
the rift of the clouds while we busily
went on our way
and paid no heed.
We sang no glad songs nor played;
we went not to the village for barter;
we spoke not a word nor smiled;
we lingered not on the way.
We quickened our pace more and
more as the time sped by.
The sun rose to the mid sky and
doves cooed in the shade.
Withered leaves danced and whirled
in the hot air of noon.
The shepherd boy drowsed and
dreamed
in the shadow of the banyan tree, and
I laid myself down
by the water and stretched my tired

48

तब पक्षियों ने गीत गा कर
आकाश के नीचे लहरें उठा दी थीं।
तब पथ के दोनों किनारे
राशि-राशि फूल खिल चुके थे,
मेघ का कोना रंगीन हो चुका था—
इन्हें किसी ने नहीं देखा।
हम अपनी मौज में मग्न हो कर
दौड़े चले जा रहे थे।

आनन्दित हो कर हमने गीत नहीं गाये,
हमने खेल नहीं किया।
भूल कर भी दाहिने-बायें नहीं देखा,
हाट करने के लिए हम गाँव नहीं गये,
हम हँसे नहीं, हमने किसी से बात नहीं की—
हमने अवहेलना नहीं की।
जितना ही दिन चढ़ता जा रहा था,
हम उतने ही वेग से बढ़ते जा रहे थे।

सूर्य जब मध्य आकाश में चढ़ आया,
वन में कपोत बोलने लगा,
तप्त वायु में चक्कर खा कर
सूखे पत्ते उड़ने लगे,
वट की छाया में चरवाहे बालक
अचेतन हो सोने लगे—
तब मैं जल के किनारे आ कर
श्यामल तृण पर लोट गया।

आमार दलेर सबाइ आमार पाने
चेये गेलो हेसे
चले गेलो उच्चशिरे,
चाइलो न केउ पिछु फिरे,
मिलिये गेलो सुदूर छायाय
पथतरुर शेषे।
तारा पेरिये गेलो कतो जे माठ,
कतो दूरेर देशे।

ओगो धन्य तोमरा दुखेर यात्री,
धन्य तोमरा सबे।
लाजेर घाये उठिते चाइ,
मनेर माझे साड़ा ना पाइ–
मग्न हलेम आनन्दमय
अगाध अगौरवे
पाखिर गाने बाँशिर ताने
कम्पित पल्लवे।

आमि मुग्धतनु दिलेम मेले
वसुन्धरार कोले।
बाँशेर छाया की कौतुके
नाचे आमार चक्षे मुखे,
आमेर मुकुल गन्धे आमाय
विधुर करे तोले।
नयन मुदे आसे मौमाछिदेर
गुञ्जनकल्लोले।

सेइ रौद्र-घेरा सबुज आराम
मिलिये एलो प्राणे।
भुले गेलेम किसेर तरे
बाहिर हलेम पथेर परे,
ढेले दिलेम चेतना मोर

limbs on the grass.
My companions laughed at me in scorn;
they held their heads high and hurried on;
they never looked back nor rested;
they vanished
in the distant blue haze.
They crossed many meadows
and hills, and passed through strange,
faraway countries.
All honour to you, heroic host
of the interminable path!
Mockery and reproach pricked me to rise,
but found no response in me.
I gave myself up for lost in the depth
of a glad humiliation—in the shadow
of a dim delight.
The repose of the sun-embroidered green gloom
slowly spread over my heart. I forgot
for what I had travelled, and I surrendered
my mind without struggle

मेरे दल के सबने मेरी ओर देखा
और हँस कर चले गये।
वे सिर ऊँचा किए चले गये,
किसी ने पीछे मुड़कर नहीं देखा,
पथ-तरु की अन्तिम सीमा पर सुदूर छाया में
वे ओझल हो गये।
वे न जाने कितने मैदान, कितने देश को पार कर,
कितनी दूर चले गये।

अरे, धन्य हो दुखों के पथिक,
तुम सब धन्य हो।
लज्जा के आघात से मैं उठना चाहता हूँ,
किन्तु मन में उत्साह नहीं होता–
मैं अपने आनन्दमय अगाध अगौरव में ही
मग्न हो गया–
पक्षियों के गीतों में, बाँसुरी की तान में,
कम्पित पल्लवों में।

मुग्ध हो कर मैंने वसुन्धरा की गोद में
अपने को छोड़ दिया।
बाँसों की छाया कौतुकपूर्वक
मेरे मुख पर नृत्य करने लगी,
आम्रमुकुल ने अपनी गन्ध से
मुझे निढाल कर दिया।
मधुमक्खियों के गुंजन-कल्लोल से
मेरी आँखें बन्द होने लगीं।

धूप से घिरी उस हरीतिमा ने
मेरे प्राणों को मोह लिया।
मैं भूल गया, किसलिए
यात्रा पर निकला था,
अपनी चेतना को मैंने

छायाय गन्धे गाने।
धीरे घुमिये पलेम अवश देहे
कखन के ता जाने!

शेषे गभीर घुमेर मध्य हते
फुटलो जखन आँखि
चेये देखि कखन एसे
दाँड़िये आछो शियर-देशे
तोमार हासि दिये आमार
अचैतन्य ढाकि।
ओगो, भेबेछिलेम आछे आमार
कतो-ना पथ बाकि।

मोरा भेबेछिलेम परान-पणे
सजाग रबो सबे।
सन्ध्या हबार आगे यदि
पार हते ना पारि नदी
भेबेछिलेम ताहा हलेइ
सकल व्यर्थ हबे।
जखन आमि थेमे गेलेम, तुमि
आपनि एले कबे।

to the maze of shadows and songs.
At last, when I woke from my slumber
and opened my eyes, I saw thee standing by me,
flooding my sleep with thy smile.
How I had feared that the path was long and wearisome,
and the struggle to reach thee was hard!

छाया, गन्ध और गीतों पर ढलका दिया।
धीरे-धीरे न जाने कब
मैं अवश हो सो गया!

अन्त में गहरी निद्रा से
जब मेरी आँखें खुलीं,
तो देखा न जाने कब आ कर
तुम मेरे सिरहाने खड़े हो,
अपनी हँसी से तुमने
मेरे अचैतन्य को ढक लिया है।
अरे, मैंने तो सोचा था
मेरा पथ न जाने कितना बाकी है।

हमने सोचा था, हम पूरी तरह
सजग रहेंगे।
सन्ध्या होने के पहले ही यदि
नदी पार न कर सकें
तब तो हमारा सारा प्रयत्न
व्यर्थ हो जायेगा।
लेकिन जब मैं ठहर गया,
तो तुम स्वयं न जाने कब आ पहुँचे।

49

तव सिंहासनेर आसन हते
एले तुमि नेमे—
मोर विजन घरेर द्वारेर काछे
दाँड़ाले, नाथ, थेमे।
एकला बसे आपन-मने
गाइतेछिलेम गान,
तोमार काने गेलो से सुर,
एले तुमि नेमे—
मोर विजन घरेर द्वारेर काछे
दाँड़ाले, नाथ थेमे।

तोमार सभाय कतो-ना गान
कतोइ आछेन गुणी—
गुणहीनेर गानखानि आज
बाजलो तोमार प्रेमे।
लागलो विश्वतानेर माझे
एकटि करुण सुर,
हाते लये वरणमाला
एले तुमि नेमे—
मोर विजन घरेर द्वारेर काछे
दाँड़ाले, नाथ, थेमे।

You came down from your throne and
stood at my cottage door.
I was singing all alone in a corner,
and
the melody caught your ear. You
came down and
stood at my cottage door.
Masters are many in your hall, and
songs
are sung there at all hours. But the
simple carol
of this novice struck at your love.
One plaintive little strain
mingled with the great music of the
world,
and with a flower for a prize you
came down
and stopped at my cottage door.

49

अपने सिंहासन के आसन से
तुम उतर आये—
मेरे सूने घर के द्वार के पास
आ कर, नाथ, तुम थम गये।
मैं तो अकेला बैठ कर अपनी धुन में
गीत गा रहा था,
तुम्हारे कानों में जब सुर पहुँचा,
तब तुम उतर आये—
मेरे सूने घर के द्वार के पास
आ कर, नाथ, तुम थम गये।

तुम्हारी सभा में जाने कितने गीत हैं,
कितने ही गुणी हैं—
इस गुणहीन का गीत ही आज
तुम्हारे प्रेम में बज उठा।
विश्व-तान के अन्तर में
एक करुण सुर ने प्रवेश किया,
हाथ में वरमाला ले कर
तुम उतर आये—
मेरे सूने घर के द्वार के पास
आ कर, नाथ, तुम थम गये।

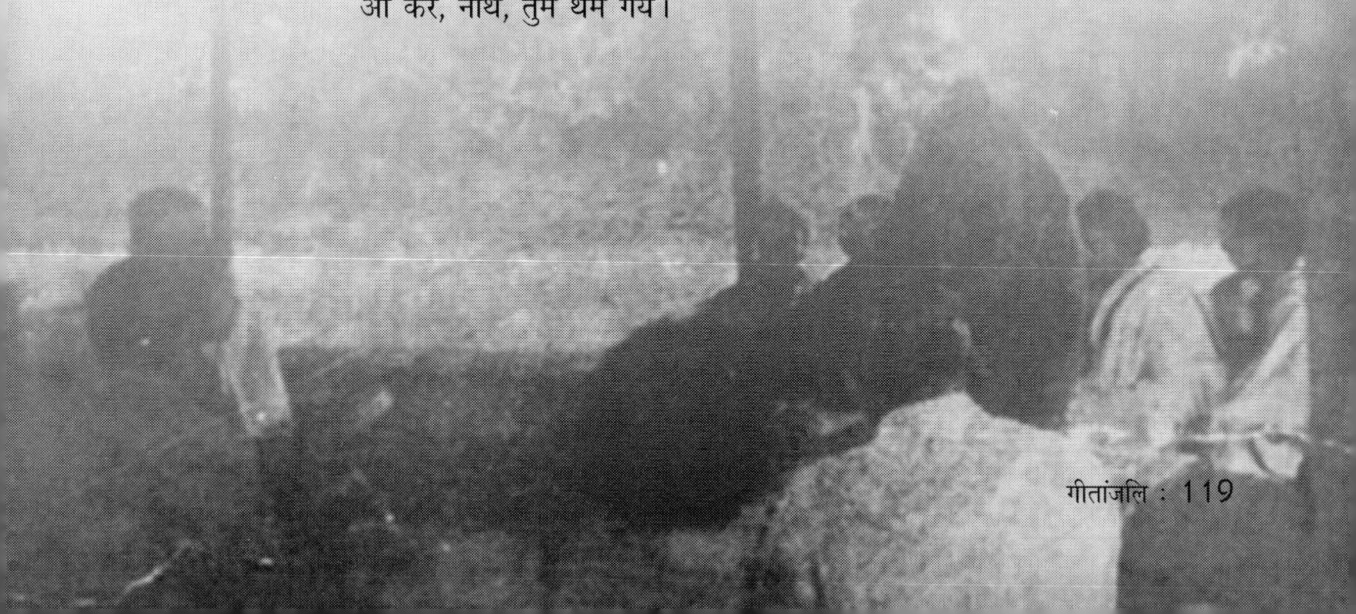

50

आमि भिक्षा करे फिरतेछिलेम
ग्रामेर पथे पथे,
तुमि तखन चलेछिले
तोमार स्वर्णरथे।
अपूर्व एक स्वप्नसम
लागतेछिलो चक्षे मम—
की विचित्र शोभा तोमार,
की विचित्र साज!
आमि मने भाबतेछिलेम,
एक कोन् महाराज!

आजि शुभक्षणे रात पोहालो—
भेबेछिलेम, तबे
आज आमारे द्वारे द्वारे
फिरते नाहि हबे।
बाहिर हते नाहि हते
काहार देखा पेलेम पथे,
चलिते रथ धनधान्य
छड़ाबे दुइ धारे—
मुठा मुठा कुड़िये नेबो,
नेबो भारे भारे।

देखि सहसा रथ थेमे गेलो
आमार काछे एसे,
आमार मुखपाने चेये
नामले तुमि हेसे।

I had gone a-begging from door to door
in the village path, when thy golden chariot
appeared in the distance like a gorgeous dream
and I wondered who was this King of all kings!
My hopes rose high and methought
my evil days were at an end,
and I stood waiting for alms to be given unasked
and for wealth scattered on all sides in the dust.
The chariot stopped where I stood.
Thy glance fell on me and thou camest down with a smile.
I felt that the luck of my life had come at last.
Then of sudden thou didst hold out thy right hand

50

मैं तो ग्राम-पथ पर
भीख माँगता फिर रहा था,
तुम तब अपने स्वर्ण-रथ पर
चढ़ कर जा रहे थे।
मुझे यह एक अपूर्व सपना-सा
प्रतीत हो रहा था—
तुम्हारी कैसी विचित्र शोभा थी,
कैसा विचित्र साज था!
मैं मन में सोच रहा था,
ये कौन महाराज हैं!

मैंने सोचा, आज इस शुभक्षण में
रात बीत गयी,
अब मुझे द्वार-द्वार
भटकना नहीं होगा।
बाहर निकलते ही
जाने किसके दर्शन होंगे,
चलते हुए रथ से दोनों ओर
वह धन-धान्य बिखेरेगा—
मैं मुट्ठी-मुट्ठी उठा कर
अपनी झोली भर लूँगा।

देखा, सहसा मेरे पास आ कर
रथ रुक गया,
मेरे मुख की ओर देखते हुए
तुम हँस कर उतरे।

देखे मुखेर प्रसन्नता
जुड़िये गेलो सकल व्यथा,
हेनोकाले किसेर लागि
तुमि अकस्मात्
'आमाय किछु दाओ गो' बले
बाड़िये दिले हात!

मरि, एकि कथा राजाधिराज–
'आमाय दाओ गो किछु'!
शुने क्षणकालेर तरे
रइनु माथा-निचु।
तोमार की वा अभाव आछे
भिखारि भिक्षुकेर काछे!
ए केवल कौतुकेर वशे
आमाय प्रवञ्चना।
झुलि हते दिलेम तुले
एकटि छोटो कणा।

जबे पात्रखानि घरे एने
उजाड़ करि–एकि!
भिक्षा-माझे एकटि छोटो
सोनार कणा देखि।
दिलेम जा राज-भिखारिरे
स्वर्ण हये एलो फिरे,
तखन काँदि चोखेर जले
दुटि नयन भरे–
तोमाय केनो दिइ नि आमार
सकल शून्य करे!

and say, "What hast thou to give to me?"
Ah, what a kingly jest was it to open
thy palm to a beggar to beg!
I was confused and stood undecided, and then
from my wallet I slowly took out the least
little grain of corn and gave it to thee.
But how great my surprise when at the day's end
I emptied my bag on the floor to find a least
little grain of gold among the poor heap.
I bitterly wept and wished that I had had
the heart to give thee my all.

तुम्हारे मुँह पर प्रसन्नता देख कर
मेरी सारी व्यथा दूर हो गयी,
इसी समय अचानक
न जाने तुमने क्यों,
'मुझे कुछ दो' कह कर
अपना हाथ बढ़ा दिया!

हाय, यह कैसी बात राजाधिराज—
'तुम कुछ दो'!
सुन कर क्षण भर के लिए
मैं सिर नीचा किए रहा।
तुम्हें किस बात की कमी है,
इस भिखारी से तुम क्या चाहते हो!
क्या केवल कौतुकवश
मुझे प्रवंचित कर रहे हो!
अपनी झोली से एक छोटा कण निकाल कर
मैंने तुम्हें प्रदान किया।

घर आ कर जब मैंने झोली को ख़ाली किया,
तब मेरे आश्चर्य का ठिकाना न रहा।
भीख के मध्य मैंने सोने का
एक छोटा-सा कण देखा।
राज-भिखारी को मैंने जो प्रदान किया
वह सोने के रूप में लौट आया,
मैं रोने लगा,
मेरी आँखों से अश्रु प्रवाहित होने लगे—
मैंने तुम्हें अपना सर्वस्व
क्यों नहीं प्रदान किया!

51

तखन रात्रि आँधार हलो,
सांग हलो काज—
आमरा मने भेवेछिलेम,
आसबे ना केउ आज।
मोदेर ग्रामे दुयार जतो
रुद्ध हलो रातेर मतो;
दु-एक जने बलेछिलो,
'आसबे महाराज।'
आमरा हेसे बलेछिलेम,
'आसबे ना केउ आज।'

द्वारे जेनो आघात हलो
शुनेछिलेम सबे—
आमरा तखन बलेछिलेम,
'बातास बुझि हबे।'
निबिये प्रदीप घरे घरे
शुयेछिलेम आलसभरे;
दु-एक जने बलेछिलेम,
'दूत एलो-वा तबे!'
आमरा हेसे बलेछिलेम,
'बातास बुझि हबे।'

निशीथराते शोना गेलो
किसेर जेनो ध्वनि—
घुमेर घोरे भेबेछिलेम
मेघेर गरजनि।

क्षणे क्षणे चेतन करि
काँपलो धरा थरहरि,
दू-एक जने बलेछिलो
'चाकार झनझनि।'
घुमेर घोरे कहि मोरा
'मेघेर गरजनि'।

The night darkened.
Our day's work had been done.
We thought that the last guest
had arrived for the night and
the doors in the village were all shut.
Only some said,
the King was to come. We laughed
and said "No, it cannot be!"
It seemed there were knocks at the door
and we said it was nothing but the wind.
We put out the lamps and lay down to sleep.
Only some said, "It is the messenger!"
We laughed and said, "No, it must be the wind!"
There came a sound in the dead of the night.
We sleepily thought it was the distant thunder.
The earth shook, the walls rocked,
and it troubled us in our sleep,
Only some said it was the sound of wheels.
We said in a drowsy murmur,
"No, it must be the rumbling of clouds!"
The night was still dark when the drum sounded.
The voice came, "Wake up! delay not!"
We pressed our hands on our hearts
and shuddered with fear.
Some said, "Lo, there is the King's

51

जब रात हो गयी, अँधेरा घिर आया,
दिन के हमारे सभी काम पूरे हो गये,
हमने मन में सोचा,
अब और कोई नहीं आयेगा।
गाँव में सबने
अपने-अपने द्वार बन्द कर लिए;
दो-एक ने कहा,
'महाराज आयेंगे।'
तब हमने हँस कर कहा था,
'आज कोई नहीं आयेगा।'

द्वार पर मानो आघात हुआ
हम सबने सुना—
हमने तब कहा था,
'शायद हवा होगी।'
घर-घर में दीप बुझा कर,
आलस से भर कर हम सोये थे;
दो-एक ने कहा,
'शायद दूत आया है!'
तब हमने हँस कर कहा था,
'शायद हवा होगी।'

अँधेरी रात में जाने कैसी ध्वनि
सुनाई पड़ी—
नींद के आवेश में मैंने समझा
यह मेघ की गर्जना है।

रह-रह कर हमने अनुभव किया—
धरा थर-थर काँप रही है,
दो-एक ने कहा,
'यह रथ के चक्के की झनझनाहट है।'

तखनो रात आँधार आछे,
बेजे उठलो भेरी–
के फुकारे, 'जागो सबाइ,
आर कोरो ना देरि।'
वक्ष-परे दु हात चेपे
आमरा भये उठि कॅंपे;
दु-एक जने कहे काने,
'राजार ध्वजा हेरि।'
आमरा जेगे ओठे बलि,
'आर तबे नय देरि।'

कोथाय आलो, कोथाय माल्य,
कोथाय आयोजन!
राजा आमार देशे एलो,
कोथाय सिंहासन!
हाय रे भाग्य, हाय रे लज्जा–
कोथाय सभा, कोथाय सज्जा!
दु-एक जने कहे काने,
'वृथा ए क्रन्दन–
रिक्तकरे शून्य घरे
करो अभ्यर्थन।'

ओरे, दुयार खुले दे रे,
बाजा शंख बाजा!
गभीर राते एसेछे आज
आँधार घरेर राजा।
वज्र डाके शून्यतले,
विद्युतेरइ झिलिक झले,
छिन्न शयन टेने एने
आङिना तोर साजा–
झड़ेर साथे हठात् एलो
दुःखरातेर राजा।

flag!"
We stood up on our feet and cried
"There is no time for delay!"
The King has come— but where
are lights,
where are wreaths?
Where is the throne to seat him?
Oh, shame! Oh utter shame!
Where is the hall, the decorations?
Some one has said, "Vain is this cry!
Greet him with empty hands, lead
him
into thy rooms all bare!"
Open the doors, let the conch-
shells be sounded!
In the depth of the night has come
the King of our dark, dreary house.
The thunder roars in the sky.
The darkness shudders with lightning.
Bring out thy tattered piece of mat
and spread it in the courtyard.
With the storm has came of a sudden
our king of the fearful night.

नींद के आवेश में हमने कहा,
'यह मेघ की गर्जना है।'

तब भी अँधेरी रात थी,
कहीं से भेरी बज उठी—
किसी ने पुकारा—'सब जग जाओ,
अब देर न करो।'
हमने छाती पर हाथ रख लिये,
भय से काँप उठे;
दो-एक ने कानों में कहा,
'राजा की ध्वजा दिखाई पड़ रही है।'
हमने जग कर कहा,
'अब हम और देर न करें।'

दीप कहाँ है,माला कहाँ है,
सारे आयोजन कहाँ हैं!
राजा हमारे देश आया है,
सिंहासन कहाँ है!
हाय रे भाग्य! हाय रे लज्जा—
सभा कहाँ है, उसके योग्य साज कहाँ है!
दो-एक ने कानों में कहा,
'वृथा है यह क्रन्दन—
रिक्त-करों से, सूने घर में
उसकी अभ्यर्थना करो।'

अरे द्वार खोल दे रे,
बजाओ, शंख बजाओ!
आज गहरी रात में
अँधेरे घर का राजा आया है।
आकाश में वज्र का गर्जन हो रहा है,
बादलों में बिजली चमक रही है,
जीर्ण-शय्या ला कर
अपना आँगन सजा लो—
आँधी के साथ सहसा
दुःखरात्रि का राजा आया है।

52

भेबेछिलाम चेये नेबो–
चाइ नि साहस करे
सन्धेवेलाय जे मालाटि
गलाय छिले परे–
आमि चाइ नि साहस करे।
भेबेछिलाम सकाल हले
जखन पारे जाबे चले
छिन्नमाला शय्यातले
रइबे बुझि पड़े।
ताइ आमि काङालेर मतो
एसेछिलेम भोरे–
तबु चाइ नि साहस करे।

ए तो माला नय गो, ए जे
तोमार तरवारि।
ज्वले ओठे आगुन जेनो,
वज्र-हेन भारी–
ए जे तोमार तरवारि।
तरुण आलो जानला बेये
पड़लो तोमार शयन छेये,
भोरेर पाखि शुधाय गेये,
‘की पेलि तुइ नारी?’
नय ए माला, नय ए थाला,
गन्धजलेर झारि–
ए जे भीषण तरवारि।

ताइ तो आमि भाबि बसे
एकि तोमार दान!
कोथाय एरे लुकिये राखि
नाइ जे हेनो स्थान।
ओगो, एकि तोमार दान!
शक्तिहीना मरि लाजे,

I thought I should ask of thee—
but I dared not— the rose wreath thou hadst
on thy neck. Thus I waited for the morning,
when thou didst depart, to find
a few fragments on the bed.
And like a beggar I searched in the dawn
only for a stray petal or two.
Ah me, what is it I find?
What token left of thy love?
It is no flower, no spices, no vase of perfumed water.
It is thy mighty sword, flashing as a flame,
heavy as a bolt of thunder.
The young light of morning comes through the
window and spreads itself upon thy bed.
The morning bird twitters and asks,
"Woman, what hast thou got?"
No, it is no flower, nor spices,
nor vase of perfumed water — it is
thy dreadful sword.
I sit and muse in wonder, what gift is this of thine.
I can find no place where to hide it.
I am ashamed to wear it, frail as I am,
and it hurts me when I press it to my bosom.
Yet shall I bear in my heart
this honour of the burden of pain,
this gift of thine.

52

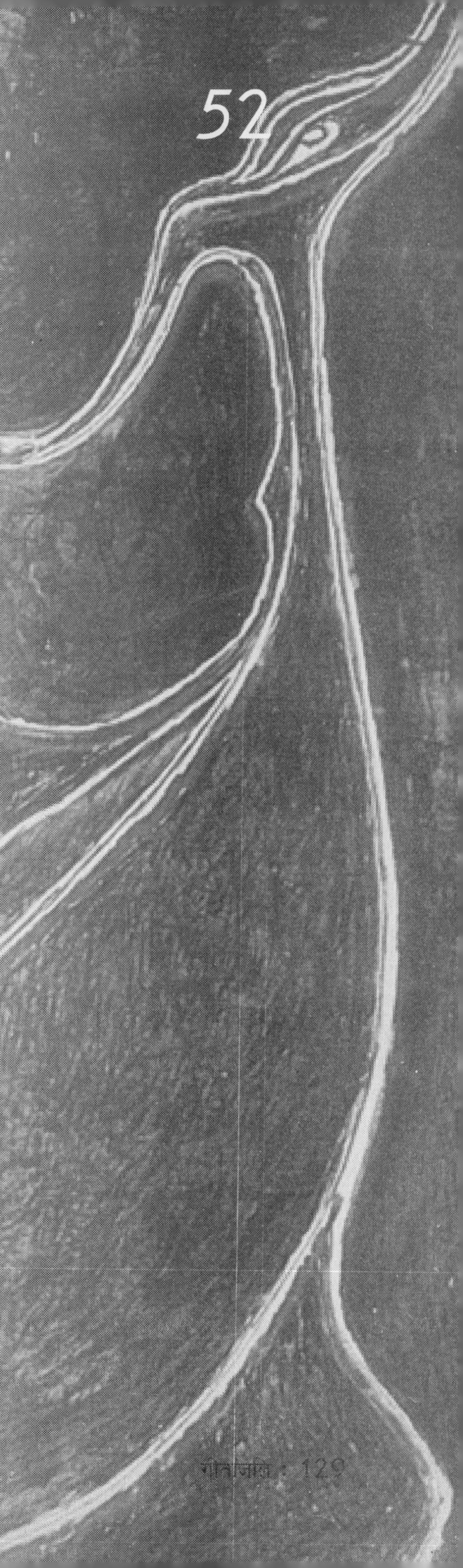

मैंने सोचा था तुमसे माँग लूँगी—
लेकिन साहस न कर सकी,
साँझ के समय जो माला
तुमने गले में पहनी थी—
उसे माँगने का साहस न कर सकी।
मैंने सोचा था सबेरा होने पर
जब तुम उस पार चले जाओगे,
तब वह टूटी हुई माला शय्या पर
शायद पड़ी रहेगी।
इसलिए मैं कंगाल की तरह
सबेरे-सबेरे आयी—
पिछली रात माँगने का साहस न कर सकी।

यह तो माला नहीं है,
यह तुम्हारी तलवार है।
यह अग्नि की तरह प्रज्ज्वलित हो जाती है,
वज्र की तरह भारी है—
यह तो तुम्हारी तलवार है।
नवीन आलोक वातायन को पार कर
तुम्हारी शय्या पर छा गया,
प्रभात का पंछी गाते हुए पूछता है—
'नारी तुमने क्या पाया?'
नहीं, यह माला नहीं है, यह थाल नहीं है,
सुगन्धित जल की झारी नहीं है—
यह तो भीषण तलवार है।

तभी मैं बैठे-बैठे यह सोचती हूँ
क्या यह तुम्हारा दान है!
मेरे पास ऐसा स्थान नहीं है
जहाँ इसे छिपा कर रखूँ।
अरे, क्या यह तुम्हारा दान है!

ए भूषण कि आमाय साजे!
राखते गेले बुकेर माझे
व्यथा जे पाय प्राण।
तबु आमि बइबो बुके
एइ वेदनार मान–
निये तोमारि एइ दान।

आजके हते जगत्-माझे
छाड़बो आमि भय,
आज हते मोर सकल काजे
तोमार हबे जय–
आमि छाड़बो सकल भय।
मरण के मोर दोसर करे
रेखे गेछो आमार घरे,
आमि तारे बरण करे
राखबो पराणमय।
तोमार तरवारि आमार
करबे बाँधन क्षय–
आमि छाड़बो सकल भय।

तोमार लागि अंग भरि
करबो ना आर साज।
नाइबा तुमि फिरे एले
ओगो हृदयराज।
आमि करबो ना आर साज।
धुलाय बसे तोमार तरे
काँदबो ना आर एकला घरे,
तोमार लागि घरे-परे
मानबो ना आर लाज।
तोमार तरवारि आमाय
साजिये दिलो आज–
आमि करबो ना आर साज।

From now there shall be no fear
left for me in this world, and
thou shalt be victorious in all my
strife.
Thou hast left death for my
companion
and I shall crown him with my life.
Thy sword is with me to cut asunder
my bonds,
and there shall be no fear left for me
in the world.
From now I leave off all petty
decorations.
Lord of my heart, no more shall there
be
for me waiting and weeping in
corners,
no more coyness and sweetness of
demeanour.
Thou hast given me thy sword for
adornment.
No more doll's decorations for me!

मैं शक्तिहीना लाज से मर जाती हूँ,
यह भूषण क्या मुझे शोभा देगा!
इसे हृदय में धारण करने की बात से
मेरे प्राण व्यथित होते हैं।
तो भी इस वेदना के मान को
मैं हृदय में धारण करूँगी–
तुम्हारे इस दान को स्वीकार करूँगी।

आज से इस संसार में
मैं भय का त्याग करूँगी,
आज से मेरे समस्त कार्य में
तुम्हारी जय होगी–
मैं सकल भय का त्याग करूँगी।
मृत्यु को मेरा मित्र बना कर
तुम उसे मेरे घर में रख गये हो,
मैं उसका वरण करूँगी,
उसे प्राणों में रखूँगी।
तुम्हारी तलवार
मेरे सारे बन्धन काट देगी–
मैं सकल भय का त्याग करूँगी।

अब तुम्हारे लिए मैं
श्रृंगार नहीं करूँगी।
हे हृदयराज,
भले ही तुम लौट कर न आओ।
अब मैं श्रृंगार नहीं करूँगी।
सूने घर में धूल में बैठ कर
अब तुम्हारे लिए मैं नहीं रोऊँगी,
तुम्हारे लिए घर-बाहर कहीं भी
अब लाज नहीं मानूँगी।
तुम्हारी तलवार ने मुझे
आज सजा दिया–
अब मैं श्रृंगार नहीं करूँगी।

53

सुन्दर बटे तव अंगदखानि
ताराय ताराय खचित,
स्वर्णे रत्ने शोभन लोभन जानि
वर्णे वर्णे रचित।
खड्ग तोमार आरो मनोहर लागे
बाँका विद्युते आँका से,
गरुड़ेर पाखा रक्तरबिर रागे
जेनो गो अस्त-आकाशे।
जीवनशेषेर शेष जागरणसम
झलसिछे महावेदना—
निमेषे दहिया जाहा-किछु आछे मम
तीव्र भीषण चेतना।
सुन्दर बटे तव अंगदखानि
ताराय ताराय खचित—
खड्ग तोमार, हे देव वज्रपाणि,
चरम शोभाय रचित।

Beautiful is thy wristlet, decked with stars
and cunningly wrought in myriad-coloured jewels.
But more beautiful to me thy sword
with its curve of lightning
like the outspread wings of the divine bird of Vishnu,
perfectly poised in the angry red light of the sunset.
It quivers like the one last response of life
in ecstasy of pain at the final stroke of death;
it shines like the pure flame of
being burning up earthly sense
with one fierce flash.
Beautiful is thy wristlet, decked
with starry gems;
but thy sword, O lord of thunder, is
wrought with uttermost beauty,
terrible to behold or to think of.

53

ताराओं से खचित तुम्हारा कंगन
अति सुन्दर है,
स्वर्ण और रत्नों से शोभित
इसकी वर्णच्छटा मनोरम है।
पर वक्र विद्युत से अंकित तुम्हारा खड्ग
और भी मनोहर है,
यह अस्ताचल में रवि-राग से रंजित
गरुड़-पंख जैसा है।
जीवन-सायाह्न के शेष जागरण के सदृश
महावेदना प्रज्ज्वलित हो रही है–
मेरी समस्त उदग्र चेतना
निमिष-मात्र में दग्ध हो रही है।
ताराओं से खचित तुम्हारा कंगन
अति सुन्दर है–
हे वज्रपाणि देव, तुम्हारा खड्ग
परम शोभा से विरचित है।

54

तोमार काछे चाइ नि किछु,
जानाइ नि मोर नाम!
तुमि जखन विदाय निले
नीरव रहिलाम।

एकला छिलाम कुयार धारे
निमेर छायातले,
कलस निये सबाइ तखन
पाड़ाय गेछे चले।
आमाय तारा डेके गेलो,
'आय गो, बेला जाय।'
कोन् आलसे रइनु बसे
किसेर भावनाय!

पदध्वनि शुनि नाइको
कखन् तुमि एले।
कइले कथा क्लान्त कण्ठे
करुण चक्षु मेले
'तृषाकातर पान्थ आमि'–
शुने चमूके ओठे
जलेर धारा दिलेम ढेले
तोमार करपुटे।
मर्मरिया काँपे पाता,
कोकिल कोथा डाके,
बाबला फुलेर गन्ध ओठे
पल्लीपथेर बाँके।

I asked nothing from thee; I uttered
not
my name to thine ear. When thou
took'st thy leave
I stood silent. I was alone by the well
where the shadow of the tree fell
aslant, and the women
had gone home with their brown
earthen pitchers
full to the brim. They called me and
shouted,
"Come with us, the morning is
wearing on to noon."
But I languidly lingered awhile
lost in the midst of vague musings,
I heard not thy steps as thou
camest.
Thine eyes were sad when they fell
on me;
thy voice was tired as thou spokest
low—
"Ah, I am a thirsty traveller." I started
up from my daydreams and poured
water from my jar
on thy joined palms.
The leaves rustled overhead;
the cuckoo sang from the unseen
dark,
and perfume of babla flowers came
from the
bend of the road.
I stood speechless with shame
when
my name thou didst ask. Indeed,

54

मैंने तुमसे कुछ भी नहीं चाहा,
अपना नाम भी नहीं जनाया।
तुमने जब मुझसे विदा ली
तब मैं मौन रही।

कुएँ के किनारे, नीम की छाया में
मैं अकेली रह गयी,
कलश ले कर सभी तब
घर की ओर चली गयीं।
सबने मुझे बुलाया—
'आ जाओ, दिन ढल रहा है।'
किस आलस से, किस सोच में
मैं बैठी रही!

मैं पदचाप सुन न सकी,
तुम कब आये।
करुण नयनों से देख कर
तुमने क्लान्त कंठ से कहा,
'मैं प्यासा पथिक हूँ'—
सुन कर मैं चौंक गयी,
तुम्हारी अंजुलि में मैंने
जल-धारा उड़ेल दी।
मर्मरित हो पत्ते कम्पित हो उठे,
कहीं कोयल कूकने लगी,
बबूल के फूल की महक
पथ पर फैल गयी।

जखन तुमि शुधाले नाम
पेलेम बड़ो लाज–
तोमार मने थाकार मतो
करेछि कोन् काज!
तोमाय दिते पेरेछिलेम
एकटु तृषार जल,
एइ कथाटि आमार मने
रहिलो सम्बल।
कुयार धारे दुपुर-बेला
तेमनि डाके पाखि,
तेमनि काँपे निमेर पाता–
आमि बसेइ थाकि।

what had I done for thee to keep me
in remembrance?
But the memory that I could give
water to thee
to allay thy thirst will cling to my
heart and
enfold it in sweetness. The morning
hour is late,
the bird sings in weary notes, neem
leaves
rustle overhead
and I sit and think and think.

तुमने जब मेरा नाम पूछा
तब मैं लज्जित हो गयी—
तुम्हारे याद रखने लायक
मैंने कौन-सा काम किया!
तुम्हें मैं जल दे सकी,
तुम्हारी प्यास बुझा सकी,
मैंने तो बस इतना ही किया,
इतना ही मेरा संबल है।
कुएँ के किनारे, दोपहर के समय
पंछी वैसे ही गा रहे हैं,
नीम के पत्ते वैसे ही कम्पित हो रहे हैं—
मैं तो बस बैठी हुई हूँ।

55

एखनो घोर भाङे ना तोर जे,
मेले ना तोर आँखि,
काँटार बने फुल फुटेछे रे
जानिस ने तुइ ता कि।
ओरे अलस, जानिस ने तुइ ता कि।
जागो एबार जागो,
बेला काटास ना गो।

कठिन पथेर शेषे
कोथाय अगम विजन देशे
ओ सेइ बन्धु आमार एकला आछे गो,
दिस ने तारे फाँकि।
चिरजीवन दिस ने तारे फाँकि।
जागो एबार जागो,
बेला काटास ना गो।

प्रखर रविर तापे
ना-हय शुष्क गगन काँपे,
ना-हय दग्ध बालु तप्त आँचले
दिक चारि दिक ढाकि।
पिपासाते दिक चारि दिक ढाकि।

मनेर माझे चाहि
देख् रे आनन्द कि नाहि।
पथे पाये पाये दुखेर बाँशरि
बाजबे तोरे डाकि।
मधुर सुरे बाजबे तोरे डाकि।
जागो एबार जागो,
बेला काटास ना गो।

Langour is upon your heart and the slumber
is still on your eyes.
Has not the word come to you that
the flower is reigning in splendour among thorns?
Wake, oh awaken! Let not the time pass in vain!
At the end of the stony path, in the country
of virgin solitude, my friend is sitting all alone.
Deceive him not. Wake, oh awaken!
What if the sky pants and trembles
with the heat of the midday sun—
what if the burning sand spreads its mantle of thirst —
Is there no joy in the deep of your heart?
At every footfall of yours,
will not the harp of the road break out
in sweet music of pain?

55

अब भी तुम्हारी तन्द्रा नहीं छूटी,
तुम्हारी आँखें नहीं खुलीं,
कंटक-वन में फूल खिल गये
क्या तुम नहीं जानते?
अरे अलस, क्या तुम नहीं जानते?
जगो, अब जगो,
समय ऐसे न बिताओ।

कठिन पन्थ के छोर पर
कहीं अगम विजन देश में,
मेरा वह बन्धु अकेला है,
उससे वंचना न करो।
चिरजीवन उससे वंचना न करो।
जगो, अब जगो,
समय ऐसे न बिताओ।

प्रखर रवि के ताप से
भले ही शुष्क गगन काँपने लगे,
दग्ध बालू का तप्त आँचल
भले ही चारों दिशाओं को ढक ले,
प्यास से चारों दिशाओं को ढक दे।

मन के भीतर झाँक कर देखो,
वहाँ क्या आनन्द नहीं है?
पथ में दुःख की बाँसुरी बज कर
पग-पग पर तुम्हें पुकारेगी।
मधुर सुरों में बज कर तुम्हें पुकारेगी।
जगो, अब जगो,
समय ऐसे न बिताओ।

56

ताइ तोमार आनन्द आमार पर,
तुमि ताइ एसेछो नीचे–
आमाय नइले, त्रिभुवनेश्वर,
तोमार प्रेम हतो जे मिछे।
आमाय निये मेलेछो एइ मेला,
आमार हियाय चलछे रसेर खेला,
मोर जीवने विचित्ररूप धरे
तोमार इच्छा तरंगिछे।

ताइ तो तुमि राजार राजा हये
तबु आमार हृदय लागि
फिरछो कत्तो मनोहरण वेशे–
प्रभु नित्य आछो जागि।
ताइ तो, प्रभु, हेथाय एलो नेमे
तोमारि प्रेम भक्तप्राणेर प्रेमे,
मूर्ति तोमार युगलसम्मिलने
सेथाय पूर्ण प्रकाशिछे।

Thus it is that thy joy in me is so full.
Thus it is that thou hast come down to me.
O thou lord of all heavens,
where would be thy love if I were not?
Thou hast taken me as thy partner
of all this wealth. In my heart
is the endless play of thy delight. In my life
thy will is ever taking shape.
And for this, thou who art the King of kings
hast decked thyself in beauty to captivate my heart.
And for this thy love loses itself in the love of thy lover,
and there art thou seen in the perfect union of two.

56

तभी तुम्हारा आनन्द मुझ पर है,
तभी तुम नीचे आये हो—
मैं नहीं होता तो हे त्रिभुवनेश्वर,
तुम्हारा प्रेम निष्फल होता।
मुझे साथ ले तुमने यह मेला लगाया है,
मेरे हृदय में रस का खेल चल रहा है,
मेरे जीवन में विचित्र रूप धारण कर के
तुम्हारी इच्छा तरंगित हो रही है।

तभी तो तुम राजाओं के राजा हो कर भी,
मेरे हृदय को पाने के लिए
कितने मनोहर वेश में फेरे लगा रहे हो—
प्रभु, नित्य जग रहे हो।
तभी तो, प्रभु, तुम्हारा प्रेम
उतर आया भक्तों के प्रेम में
तुम्हारी मूर्ति युगल-सम्मिलन में
वहाँ पूर्ण प्रकाशित है।

57

आलो, आमार आलो, ओगो
आलो भुवनभरा!
आलो नयन-धोवा आमार
आलो हृदयहरा!
नाचे आलो नाचे, ओ भाइ,
आमार प्राणेर काछे।
बाजे आलो बाजे, ओ भाइ,
हृदयवीणार माझे।
जागे आकाश, छोटे बातास,
हासे सकल धरा।
आलो, आमार आलो, ओगो
आलो भुवनभरा।
आलोर स्रोते पाल तुलेछे
हाजार प्रजापति,
आलोर ढेउये उठलो नेचे
मल्लिका मालती।
मेघे मेघे सोना ओ भाइ,
जाय ना मानिक गोना।
पाताय पाताय हासि, ओ भाइ,
पुलक राशि राशि।
सुरनदीर कूल डुबेछे
सुधा-निझर-झरा।
आलो आमार आलो, ओगो
आलो भुवनभरा!

Light, my light, the world-filling
light,
the eye-kissing light, heart-
sweetening light!
Ah, the light dances, my darling,
at the centre of my life;
the light strikes, my darling, the
chords of my love;
the sky opens, the wind runs wild,
laughter passes over the earth.
The butterflies spread their sails
on the sea of light. Lilies and
jasmines surge up
on the crest of the waves of light.
The light is shattered into gold on
every cloud,
my darling, and it scatters gems in
profusion.
Mirth spreads from leaf to leaf, my
darling,
and gladness without measure. The
heaven's river
has drowned its banks and the flood
of joy is abroad.

57

आलोक, मेरा आलोक, अरे
भुवन में परिपूर्ण आलोक!
नयनों में आगत आलोक,
मेरा हृदय-हरण आलोक!
आलोक नाच रहा, अरे भाई,
मेरे प्राणों के समीप।
आलोक बज रहा, अरे भाई
मेरी हृदय-वीणा में।
आकाश जग रहा है, हवा दौड़ रही है,
समस्त धरा हँस रही है।
आलोक, मेरा आलोक, अरे
भुवन में परिपूर्ण आलोक।
आलोक के प्रवाह में हज़ारों तितलियों ने
अपने पंखों के पाल खोल दिए हैं।
आलोक की लहर में
मल्लिका और मालती नाच उठी हैं।
मेघ-मेघ पर सोना बिखरा है,
माणिक गिने नहीं जा सकते।
पत्ते-पत्ते पर हँसी फैली है, अरे भाई,
ढेर-सा पुलक छाया है।
सुर-नदी के कगार
सुधा-निर्झर में डूब गये।
आलोक, मेरा आलोक, अरे
भुवन में परिपूर्ण आलोक!

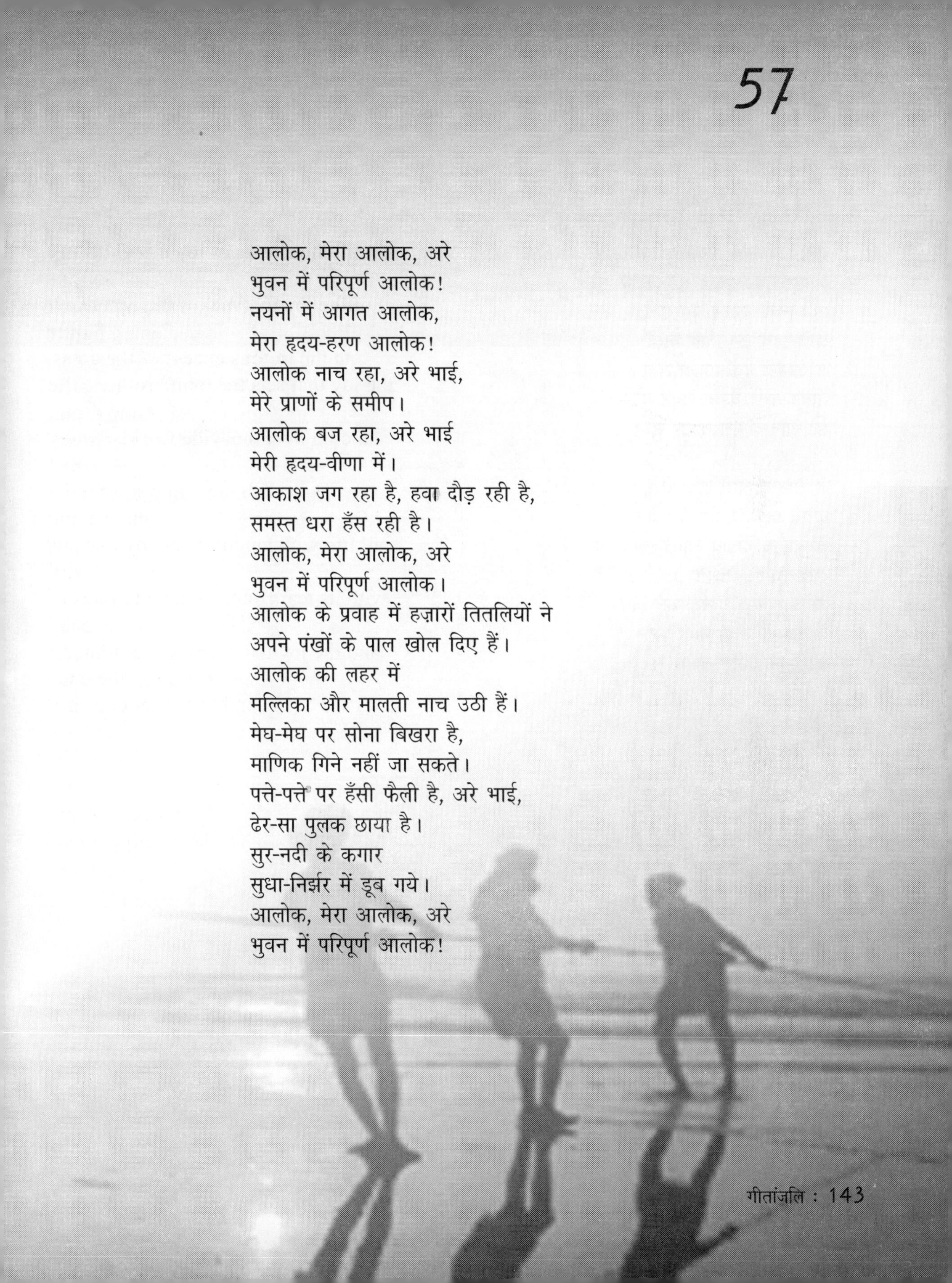

58

जेनो शेष गाने मोर सब रागिनी पूरे,
आमार सब आनन्द मेले ताहार सुरे।
जे आनन्दे माटिर धरा हासे
अधीर हये तरुलताय घासे,
जे आनन्दे दुइ पागलेर मतो
जीवन मरण बेड़ाय भुवन घुरे–
सेइ आनन्द मेले ताहार सुरे।

जे आनन्द आसे झड़ेर वेशे,
घुमन्त प्राण जागाय अट्ट हेसे।
जे आनन्द दाँड़ाय आँखिजले
दुःखव्यथार रक्तशतदले,
जा आछे सब धुलाय फेले दिये
जे आनन्दे वचन नाहि फुरे–
सेइ आनन्द मेले ताहार सुरे।

Let all the strains of joy mingle in my last song—
of the joy that makes the earth flow over
in the riotous excess of the grass,
the joy that sets the twin brothers, life and death,
dancing over the wide world, the joy that
sweeps in with the tempest, shaking and waking
all life with laughter, the joy that sits still
with its tears on the open red lotus of pain,
and the joy that throws everything it has upon the dust,
and knows not a word.

58

मेरे शेष गान में सारी रागिनी भर जाय,
मेरा सारा आनन्द उसके सुर में मिल जाय।
जिस आनन्द से माटी की धरा हँसती है—
तरुलता और घासों में अपनी अधीरता प्रकट करती है,
जिस आनन्द से दो पागलों की तरह
जीवन और मरण भुवन में घूमते हैं—
वही आनन्द उसके सुर में मिल जाय।

जो आनन्द आँधी के वेश में आ कर
सुप्त प्राणों को अट्टहास कर के जगाता है।
जो आनन्द दुःख-व्यथा के रक्त-शतदल में
अश्रु-जल द्वारा स्वयं को व्यक्त करता है,
अपना सब कुछ धूल में फेंक कर
जिस आनन्द में वाणी स्फुरित नहीं होती—
वही आनन्द उसके सुर में मिल जाय।

59

एइ तो तोमार प्रेम, ओगो
हृदयहरण,
एइ-जे पाताय आलो नाचे
सोनार बरन।
एइ-जे मधुर आलस-भरे
मेघ भेसे जाय आकाश-परे,
एइ-जे बातास देहे करे
अमृतक्षरण–
एइ तो तोमार प्रेम, ओगो
हृदयहरण!

प्रभात-आलोर धाराय आमार
नयन भेसेछे।
एइ तोमारि प्रेमेर वाणी
प्राणे एसेछे।
तोमारि मुख ओइ नुयेछे,
मुखे आमार चोख थुयेछे,
आमार हृदय आज छुँयेछे
तोमारि चरण।

Yes, I know, this is nothing but thy love,
O beloved of my heart—this golden light
that dances upon the leaves,
these idle clouds sailing across the sky,
this passing breeze leaving its coolness
upon my forehead.
The morning light has flooded my eyes—
this is thy message to my heart.
Thy face is bent from above, thy eyes
look down on my eyes, and my heart
has touched thy feet.

59

पत्तों पर स्वर्ण बरन का
जो आलोक नृत्य कर रहा है,
यह तो तुम्हारा प्रेम है,
हे हृदय-हरण!
मधुर आलस से भर कर
आकाश में जो मेघ उड़ रहे हैं,
यह जो हवा देह पर
अमृत बरसा रही है—
यह तो तुम्हारा प्रेम है,
हे हृदय-हरण!

प्रभात-आलोक की धारा में
मेरे नयन बह गये।
यह तो तुम्हारे प्रेम की वाणी है
जो मेरे प्राणों में आयी है।
वह तो तुम्हारा ही मुख झुका है,
मेरे मुख पर तुम्हारी आँखें ठहरी हैं,
मेरे हृदय को आज
तुम्हारे चरणों का स्पर्श मिला है।

৬০

जगत्-पारावारेर तीरे
छेलेरा करे मेला।
अन्तहीन गगनतले
माथार परे अचञ्चल,
फेनिल ओइ सुनील जल
नाचिछे सारा वेला।
उठिछे तटे की कोलाहल—
छेलेरा करे मेला।

बालुका दिये बाँधिछे घर,
झिनुक निये खेला।
विपुल नील सलिल-परि
भासाय तारा खेलार तरी
आपन हाते हेलाय गड़ि
पाताय गाँथा भेला।
जगत्-पारावारेर तीरे
छेलेरा करे खेला।

जाने ना तारा साँतार देवा,
जाने ना जाल फेला।
डुबारि डुबे मुकुता चेये,
वणिक धाय तरणी बेये—
छेलेरा नुड़ि कुड़ाये पेये
साजाय बसि ढेला।
रतन धन खोंजे ना तारा,
जाने ना जाल फेला।

On the seashore of endless worlds
children meet.
The infinite sky is motionless
overhead and
the restless water is boisterous.
On the seashore of endless worlds the
children
meet with shouts and dances.
They build their houses with sand
and they play
with empty shells. With withered
leaves they weave
their boats and smilingly float them
on the vast deep.
Children have their play on the
seashore of worlds.
They know not how to swim, they
know not
how to cast nets. Pearl fishers dive for
pearls,
merchants sail in their ships, while
children
gather pebbles and scatter them again.
They seek not for hidden treasures,
they know not how to cast nets.
The sea surges up with laughter
and
pale gleams the smile of the sea
beach.

60

जगत्-पारावार के तट पर
बच्चों का मेला लगा है।
उनके सिर पर स्थिर गगन का
अन्तहीन विस्तार है,
फेनिल सुनील जल
सारे समय नृत्य कर रहा है।
तट पर कोलाहल मचा है—
बच्चों का मेला लगा है।

वे बालू के घरौंदे बना रहे हैं,
सीपी ले कर खेल रहे हैं।
विपुल नील सलिल पर
अपने हाथों बनायी
पत्तों की नौका
बहा रहे हैं।
जगत्-पारावार के तट पर
बच्चे खेल रहे हैं।

वे तैरना नहीं जानते,
जाल फेंकना नहीं जानते।
गोताखोर मोती के लिए डुबकी लगाता है,
वणिक नाव खे कर तेजी से चला जाता है—
बच्चे कंकड़-पत्थर चुनते हैं,
बैठ कर उन्हें सजाते हैं।
वे धन-रत्न की खोज नहीं करते,
जाल फेंकना नहीं जानते।

फेनिये ओठे सागर हासे,
हासे सागर-वेला।
भीषण ढेउ शिशुर काने
रचिछे गाथा तरल ताने,
दोलना धरि जेमन गाने,
जननी देय ठेला।
सागर खेले शिशुर साथे,
हासे सागर-वेला

जगत्-पारावारेर तीरे
छेलेरा करे मेला।
झंझा फिरे गगनतले,
तरणी डुबे सुदूर जले,
मरणदूत उड़िया चले—
छेलेरा करे खेला।
जगत्-पारावारेर तीरे
शिशुर महामेला।

Death-dealing waves sing
meaningless ballads
to the children, even like a mother
while rocking her baby's cradle.
The sea plays with children, and pale
gleams
the smile of the sea beach.
On the seashore of endless worlds
children meet.
Tempest roams in the pathless sky,
ships
get wrecked in the trackless water,
death is abroad and children play.
On the seashore of endless worlds
is the great meeting of children.

झाग फैला कर सागर हँसता है,
सागर का किनारा हँसता है।
शिशु के कानों में भीषण लहरें
तरल तान में गाथा की रचना कर रही हैं—
जिस प्रकार जननी हिंडोले में झुलाते हुए
बच्चे को लोरी सुनाती है।
सागर शिशु के साथ खेलता है,
उसका किनारा हँसता है।

जगत्-पारावार के तट पर
बच्चों का मेला लगा है।
गगन में आँधी उठ रही है,
सुदूर जल में तरणी डूब रही है,
मरण-दूत उड़ चला है—
बच्चे खेल रहे हैं।
जगत्-पारावार के तट पर
शिशुओं का महामेला लगा है।

61

खोकार चोखे जे घुम आसे
सकल-ताप-नाशा–
जानो कि केउ कोथा हते जे
करे से जावा-आसा।
शुनेछि रूपकथार गाँये
जोनाकि-ज्वाला वनेर छाये
दुलिछे दुटि पारुल कुँड़ि,
ताहारि माझे बासा–
सेखान हते खोकार चोखे
करे से जावा-आसा।

खोकार ठोंटे जे हासिखानि
चमके घुमघोरे–
कोन् देशे जे जनम तार
के कबे ताहा मोरे।
शुनेछि कोन शरत्-मेघे
शिशु-शशीर किरण लेगे
से हासिरुचि जनमि छिलो
शिशिरशुचि भोरे–
खोकार ठोंटे जे हासिखानि
चमके घुमघोरे।

खोकार गाये मिलिये आछे
जे कचि कोमलता–

The sleep that flits on baby's eyes—
does anybody know from where it comes?
Yes, there is a rumour that it has its dwelling where,
in the fairy village among shadows of the forest
dimly lit with glow-worms, there hang two timid buds
of enchantment. From there it comes to kiss baby's eyes.
The smile that flickers on baby's lips when he sleeps—
does anybody know where it was born?
Yes, there is rumour that a young pale beam
of a crescent moon touched the edge of a vanishing
autumn cloud, and there the smile was first born
in the dream of a dew-washed morning—
the smile that flickers on baby's lips

61

मुन्ने की आँखों में
सकल तापहारिणी जो नींद आती है—
क्या कोई बता सकता है,
वह कहाँ से आना-जाना करती है!
सुना है, परी-कथा के गाँव में
जुगनुओं से जगमगाते वन की छाया में,
जहाँ पारुल[1] की दो कलियाँ दोलायमान हैं,
उन्हीं के बीच इसका निवास है—
वहीं से मुन्ने की आँखों में
यह आना-जाना करती है।

मुन्ने के ओठों पर
गहरी नींद में जो हँसी चमक जाती है—
मुझे कौन बताएगा,
किस देश में उसका जन्म हुआ है!
सुना है, तुहिन-स्नात् भोर में
जब शिशु-शशि की किरणों ने
जाने किस शरत्-मेघ का स्पर्श किया,
तब उस हँसी का जन्म हुआ—
मुन्ने के ओठों पर
गहरी नींद में वही हँसी चमक जाती है।

मुन्ने की देह में
जो कच्ची कोमलता छायी हुई है—

1. पाटल—पारुल के लाल रंग के बड़े फूल अप्रेल-जून महीने में खिलते हैं।

जानो कि से जे एतोटा काल
लुकिये छिलो कोथा।
मा जबे छिलो किशोरी मेये
करुण तारि परान छेये
माधुरीरूपे मुरछि छिल,
कहे नि कोनो कथा–
खोकार गाये मिलिये आछे
जे कचि कोमलता।

आशिस आसि परश करे
खोकारे घिरे-घिरे–
जानो कि केह कोथा हते से
बरषे तार शिरे।
फागुने नव मलयश्वासे,
श्रावणे नव नीपेर वासे,
आशिने नव धान्यदले,
आषाढ़े नव नीरे–
आशिस आसि परश करे
खोकारे घिरे-घिरे।

एइ-जे खोका तरुणतनु
नतुन मेले आँखि–
इहार भार के लबे आजि
तोमरा जानो ता कि।
हिरणमय-किरण-झोला
जाँहार एइ भुवन-दोला
तपन शशी तारार कोले
देबेन एरे राखि–
एइ-जे खोका तरुणतनु
नतुन मेले आँखि।

when he sleeps.
The sweet, soft freshness that
blooms on baby's limbs—
does anybody know where it was
hidden so long?
Yes, when the mother was a young
girl it lay
pervading her heart in tender and
silent mystery
of love — the sweet, soft freshness
that
has bloomed on baby's limbs.

क्या कोई जानता है,
वह इतने दिन कहाँ छिपी थी!
माँ जब किशोरी बालिका थी।
तब उसके करुण प्राणों में छा कर,
अव्यक्त माधुरी के रूप में
यह अवस्थित थी—
मुन्ने की देह में
वही कच्ची कोमलता छायी हुई है।

मुन्ने को घेर-घेर कर
जो आशीष आ कर उसका स्पर्श करता है—
क्या कोई जानता है वह कहाँ से
उसके माथे पर बरसता है!
फागुन के नव मलय-श्वास से,
श्रावण के नव कदम की सुवास से,
आश्विन के नव धान्य-दल से,
आषाढ़ के नव नीर से—
मुन्ने को घेर-घेर कर
आशीष आ कर उसका स्पर्श करता है।

यह नवजात मुन्ना
अपनी नवीन आँखें खोल रहा है—
क्या तुम जानते हो,
आज इसका भार कौन लेगा!
स्वर्ण-किरणों की डोर में
जिसका भुवन-हिंडोला झूल रहा है
वे इसको रख देंगे—
सूर्य-शशि-तारों की गोद में।
यह नवजात मुन्ना
अपनी नवीन आँखें खोल रहा है।

62

रङिन खेलेना दिले ओ राङा हाते
तखन बुझि रे बाछा, केनो जे प्राते
एतो रङ खेले मेघे, जले रङ ओठे जेगे,
केनो एतो रङ लेगे फुलेर पाते–
राङा खेला देखि जबे ओ राङा हाते।

गान गेये तोरे आमि नाचाइ जबे
आपन हृदय-माझे बुझि रे तबे
पाताय पाताय वने ध्वनि एतो की कारणे,
ढेउ बहे निजमने तरलरवे–
बुझि ता तोमारे गान शुनाइ जबे।

जखन नवनी दिइ लोलुप करे,
हाते मुखे मेखेचुके बेड़ाओ घरे,
तखन बुझिते पारि स्वादु केनो नदीवारि,
फल मधुरसे भारि किसेर तरे–
जखन नवनी दिइ लोलुप करे।

जखन चुमिये तोर वदनखानि
हासिटि फुटाये तुलि तखनि जानि
आकाश किसेर सुखे आलो देय मोर मुखे,
वायु दिये जाय बुके अमृत आनि–
बुझि ता चुमिले तोर वदनखानि।

When I bring to you coloured toys,
my child,
I understand why there is such a play
of colours
on clouds, on water, and why flowers
are painted in tints—
when I give coloured toys to you, my
child.
When I sing to make you dance I
truly know
why there is music in leaves, and why
waves
send their chorus of voices to the
heart of
the listening earth — when I sing to
make you dance.
When I bring sweet things to your
greedy hands
I know why there is honey in the cup
of the flower
and why fruits are secretly filled with
sweet juice—
when I bring sweet things to your
greedy hands.
When 1 kiss your face to make
you smile,
my darling, I surely understand what
the pleasure is
that streams from the sky in morning
light,
and what delight that is which the
summer breeze brings to my body—
when 1 kiss you to make you smile.

62

तुम्हारे अरुण हाथों में जब रंगीन खिलौने रखता हूँ,
तब समझ पाता हूँ कि क्यों प्रातःकाल
मेघों में इतने रंग खिलते हैं, जल में इतने रंग जगते हैं,
फूलों के पत्तों में इतने रंग भरते हैं–
तुम्हारे अरुण हाथों में जब रंगों का खेल देखता हूँ।

गीत गा कर जब तुम्हें मैं नचाता हूँ,
तब अपने हृदय में समझ पाता हूँ–
वन में पत्ते-पत्ते में क्यों इतनी ध्वनि है,
तरंगे मधुर सुर से क्यों बहती हैं–
यह समझ पाता हूँ जब तुम्हें गीत सुनाता हूँ।

तुम्हारे लोलुप कर में जब नवनीत रखता हूँ,
और तुम हाथ-मुँह में उसे लपेट कर घर में घूमते-फिरते हो,
तब समझ पाता हूँ कि नदी के पानी में इतना स्वाद क्यों हैं,
फलों में इतना मधु-रस क्यों भरा है–
तुम्हारे लोलुप कर में जब नवनीत रखता हूँ।

तुम्हारे मुख को जब चूम लेता हूँ,
और वहाँ हँसी खिल जाती है, तब जान पाता हूँ–
आकाश क्यों मेरे मुख पर आलोक बिखेरता है,
वायु प्राणों में क्यों अमृत ढाल जाती है–
तुम्हारे मुख को जब चूम लेता हूँ।

63

कतो अजानारे जानइले तुमि,
कतो घरे दिले ठाँइ–
दूरके करिले निकट बन्धु,
परके करिले भाइ।
पुरानो आवास छेड़े जाइ जबे
मने भेबे मरि की जानि की हबे,
नूतनेर माझे तुमि पुरातन
से कथा जे भुले जाइ।
दूरके करिले निकट, बन्धु,
परके करिले भाइ।

जीवने मरने निखिल भुवने
जखनि जेखाने लबे,
चिरजनमेर परिचित ओहे,
तुमिइ चिनाबे सबे।
तोमारे जानिले नाहि केहो पर,
नाहि कोनो माना, नाहि कोनो डर,
सबारे मिलाये तुमि जागितेछो–
देखा जेनो सदा पाइ।
दूरके करिले निकट बन्धु,
परके करिले भाइ।

Thou hast made me known to friends
whom I knew not.
Thou hast given me seats in homes
not my own.
Thou hast brought the distant near
and
made a brother of the stranger.
I am uneasy at heart when I have
to leave
my accustomed shelter; I forget that
there abides
the old in the new, and that there also
thou abidest.
Through birth and death, in this
world or in others,
wherever thou leadest me it is thou,
the same,
the one companion of my endless life
who ever linkest my heart with bonds
of joy to the unfamiliar.
When one knows thee, then alien
there is none,
then no door is shut. Oh, grant me my
prayer
that I may never lose the bliss of the
touch
of the one in the play of the many.

63

कितने अनजानों से तुमने परिचित कराया,
कितने घरों में स्थान दिया—
हे बन्धु, तुमने दूर को निकट कर दिया,
पराये को भाई बना दिया।
पुराना आवास जब छोड़ जाता हूँ—
मन में सोचता मरता हूँ न जाने क्या होगा,
नूतन के मध्य तुम पुरातन हो
यह बात भूल जाता हूँ।
हे बन्धु, तुमने दूर को निकट कर दिया,
पराये को भाई बना दिया।

जीवन में, मरण में, निखिल भुवन में
जब भी, जहाँ भी ले जाओगे,
चिरजन्मों के हे परिचित,
तुम्ही सबसे पहचान कराओगे।
तुम्हें जान लेने पर कोई पराया नहीं रहेगा,
कोई मनाही नहीं रहेगी, कोई डर नहीं रहेगा,
सब कुछ के भीतर तुम्ही जागरित हो—
सर्वदा तुम्हारा दर्शन पाता रहूँ।
हे बन्धु, तुमने दूर को निकट कर दिया,
पराये को भाई बना दिया।

64

काशेर वने शून्य नदीर तीरे
आमि तारे जिज्ञासिलाम डेके,
'एकला पथे के तुमि जाओ धीरे
आँचल-आड़े प्रदीपखानि ढेके?
आमार घरे हय नि आलो ज्वाला,
देउटि तव हेथाय राखो बाला।'
गोधूलिते दुटि नयन कालो
क्षणेक-तरे आमार मुखे तुले
से कहिलो, 'भासिये देबो आलो,
दिनेर शेषे ताइ एसेछि कूले।'
चेये देखि दाँड़िये काशेर बने,
प्रदीप भेसे गेलो अकारणे।

भरा साँझे आँधार हये एले
आमि डेके जिज्ञासिलाम तारे,
'तोमार घरे सकल आलो ज्वेले
ए दीपखानि सँपिते जाओ कारे?
आमार घरे हय नि आलो ज्वाला,
देउटि तव हेथाय राखो बाला।'
आमार मुखे दुटि नयन कालो
क्षणेक-तरे रइलो चेये भुले–
से कहिलो, 'आमार ए-जे आलो
आकाशप्रदीप शून्ये दिबो तुले।'
चेये देखि, शून्य गगन-कोणे
प्रदीपखानि ज्वले अकारणे।

On the slope of the desolate river
among
tall grasses I asked her, "Maiden,
where do you go, shading your lamp
with your mantle?
My house is all dark and lonesome—
lend me your light!" She raised her
dark eyes
for a moment and looked at my face
through the dusk.
"I have come to the river," she said,
"to float my lamp on the stream
when the daylight wanes in the west."
I stood alone among tall grasses and
watched
the timid flame of her lamp uselessly
drifting in the tide.
In the silence of gathering night I
asked her,
"Maiden, your lights are all lit — then
where do you go with your lamp?
My house is all dark and lonesome,
—
lend me your light." She raised her
dark eyes
on my face and stood for a moment
doubtful.
"I have come," she said at last,
"to dedicate my lamp to the sky."
I stood and watched her light
uselessly burning
in the void.
In the moonless gloom of midnight
I asked her,
"Maiden, what is your quest, holding

64

कास वन में नदी के सूने तीर पर
मैंने उसे बुला कर पूछा,
'तुम कौन हो, अकेले पथ पर धीरे-धीरे जा रही हो—
आँचल की ओट में दीप को ढक कर?
मेरे घर में दीप जलाना नहीं हुआ है,
अपना यह दीप यहाँ रख दो बाला।'
गोधूलि वेला में अपने काले नयनों से
क्षण-भर के लिए मुझे देख कर
उसने कहा, 'दीप विसर्जित करूँगी,
इसलिए साँझ के समय नदी-किनारे आयी हूँ।'
कास वन में मैंने खड़े हो कर देखा,
दीप व्यर्थ ही लहरों में बह गया।

साँझ घिर आयी, अँधेरा होने चला
मैंने उसे बुला कर पूछा,
'अपने घर में सारे दीप जला कर
यह दीप किसे सौंपने जा रही हो?
मेरे घर में दीप जलाना नहीं हुआ है,
अपना यह दीप यहाँ रख दो बाला।'
अपने काले नयनों से मुझे देख
क्षण-भर के लिए भूली सी रह कर—
उसने कहा, 'मेरा यह दीप आकाशदीप है,
इसे मैं शून्य में रख दूँगी।'
मैंने देखा, शून्य गगन के कोने पर
दीप व्यर्थ ही जल रहा है।

अमावस्या आँधार दुइ पहरे
जिज्ञासिलाम ताहार काछे गिये,
'ओगो, तुमि चलेछो कार तरे
प्रदीपखानि बुकेर काछे निये?–
आमार घरे हय नि आलो ज्वाला,
देउटि तव हेथाय राखो बाला।'
अन्धकारे दुटि नयन कालो
क्षणेक मोरे देखले चेये तबे–
से कहिलो, 'एनेछि एइ आलो,
दीपालिते साजिये दिते हबे।'
चेये देखि, लक्ष दीपेर सने
दीपखानि तार ज्वले आकारणे।

the lamp
near your heart? My house is all dark
and lonesome,—
lend me your light." She stopped for
a minute
and thought and gazed at my face in
the dark.
"I have brought my light," she said,
"to join the carnival of lamps." I stood
and watched her little lamp uselessly
lost among lights.

अमावस के अँधेरे में दो प्रहर बीतने पर
उसके पास जा कर मैंने पूछा,
'अरे, तुम किसके पास जा रही हो—
अपना यह दीप हृदय से सटा कर?
मेरे घर में दीप जलाना नहीं हुआ है,
अपना यह दीप यहाँ रख दो बाला।'
अँधेरे में अपने काले नयनों से
क्षण-भर के लिए तब मुझे देख—
उसने कहा, 'यह दीप मैं ले आयी हूँ,
दीपों की पाँत में इसे भी सजा देना होगा।'
मैंने देखा, लाखों दीपों के साथ
उसका दीप भी जल रहा है।

65

हे मोर देवता, भरिया ए देह प्राण
की अमृत तुमि चाहो करिबारे पान।
आमार नयने तोमार विश्वछवि
देखिया लइते साध जाय तव कवि–
आमार मुग्ध श्रवणे नीरव रहि
शुनिया लइते चाहो आपनार गान।
हे मोर देवता, भरिया ए देह प्राण
की अमृत तुमि चाहो करिबारे पान।

आमार चित्ते तोमार सृष्टिखानि
रचिया तुलिछे विचित्र एक वाणी।
तारि साथे, प्रभु मिलिया तोमार प्रीति
जागाये तुलिछे आमार सकल गीति,
आपनारे तुमि देखिछो मधुर रसे
आमार माझारे निजेरे करिया दान।
हे मोर देवता, भरिया ए देह प्राण
की अमृत तुमि चाहो करिबारे पान।

What divine drink wouldst thou have,
my God,
from this overflowing cup of my life?
My poet, is it thy delight to see thy
creation
through my eyes and to stand at the
portals
of my ears silently to listen
to thine own eternal harmony?
Thy world is weaving words in my
mind
and thy joy is adding music to them.
Thou givest thyself to me in love and
then
feelest thine own entire sweetness in
me.

65

हे मेरे देवता, यह देह-प्राण भर कर
तुम कौन-सा अमृत पान करना चाहते हो?
मेरे नयनों में तुम्हें अपनी विश्वछवि
देख लेने की इच्छा होती है!
मेरे मुग्ध श्रवणों में नीरव रह कर
अपने ही गीत सुन लेना चाहते हो!
हे मेरे देवता, यह देह-प्राण भर कर
तुम कौन-सा अमृत पान करना चाहते हो?

मेरे चित्त में तुम्हारी यह सृष्टि
एक विचित्र वाणी की रचना कर रही है।
उसी के साथ हे प्रभु, तुम्हारी प्रीति मिल कर
मेरे सकल गीतों को जगा रही है,
तुम अपने को मधुर रस में देख रहे हो—
मेरे भीतर स्वयं को दान कर के।
हे मेरे देवता, यह देह-प्राण भर कर
तुम कौन-सा अमृत पान करना चाहते हो?

66

जीवने जा चिरदिन
रये गेछे आभासे,
प्रभातेर आलोके जा
फोटे नाइ प्रकाशे,
जीवनेर शेष दाने
जीवनेर शेष गाने,
हे देवता, ताइ आजि
दिबो तव सकाशे–
प्रभातेर आलोके जा
फोटे नाइ प्रकाशे।

कथा तारे शेष करे
पारे नाइ बाँधिते,
गान तारे सुर दिये
पारे नाइ साधिते।
की निभृते चुपे चुपे
मोहन नवीनरूपे
निखिलनयन हते
ढाका छिलो, सखा, से–
प्रभातेर आलोके तो
फोटे नाइ प्रकाशे।

भ्रमेछि ताहारे लये
देशे देशे फिरिया,
जीवने जा भाङागड़ा

She who ever had remained in the
depth of my being,
in the twilight of gleams and of
glimpses;
she who never opened her veils in the
morning light,
will be my last gift to thee, my God,
folded in my final song.
Words have wooed yet failed to
win her;
persuasion has stretched to her its
eager arms in vain.
I have roamed from country to
country
keeping her in the core of my heart,
and around her have risen and fallen
the growth and decay of my life.
Over my thoughts and actions, my
slumbers and dreams,
she reigned yet dwelled alone and
apart.

66

जीवन में चिरदिन
जिसका आभास-मात्र ही हुआ,
प्रभात के आलोक में जो
खिल नहीं सकी,
जीवन के अन्तिम दान में,
जीवन के अन्तिम गान में,
हे देवता, उसे ही आज
तुम्हें अर्पित करूँगा—
प्रभात के आलोक में जो
खिल नहीं सकी।

शब्द उसे पूरी तरह
बाँध नहीं सके,
गीत उसे सुरों में
साध नहीं सके।
जाने किस निभृत में चुपचाप
वह मोहिनी रूप में,
निखिल-नयनों से
ढकी पड़ी थी, हे सखा—
प्रभात के आलोक में जो
खिल नहीं सकी।

उसे ही ले कर मैं घूमता रहा हूँ,
देश-देश में फिरता रहा हूँ,
जीवन में तोड़ने-गढ़ने के

सबइ तारे घिरिया।
सब भावे सब काजे
आमार सबार माझे
शयने स्वपने थेके
तबु छिलो एका से–
प्रभातेर आलोके तो
फोटे नाइ प्रकाशे।

कतो दिन कतो लोके
चेयेछिलो, उहारे,
वृथा फिरे गेछे तारा
बाहिरेर दुयारे।
आर केहो बुझिबे ना,
तोमा-साथे हबे चेना
सेइ आशा लये छिलो
आपनारइ आकाशे–
प्रभातेर आलोके तो
फोटे नाइ प्रकाशे।

Many a man knocked at my door
and asked
for her and turned away in despair.
There was none in the world who
ever saw her
face to face, and she remained in her
loneliness
waiting for thy recognition.

समस्त कर्म के केन्द्र में वही है।
मेरे सभी भावों में, सभी कर्मों में
मेरे शयन में, स्वप्न में
मेरे सब कुछ के बीच रहने पर भी
वह अकेली थी–
प्रभात के आलोक में जो
खिल नहीं सकी।

कितनी बार, कितने लोगों ने
उसे मुझसे चाहा था,
किन्तु वे बाहर के द्वार से ही
वृथा लौट गये।
कोई उसे समझ नहीं सकेगा,
तुमसे उसका परिचय होगा
यही आशा वह अपने मन में
सँजोये हुए थी–
प्रभात के आलोक में जो
खिल नहीं सकी।

67

एकाधारे तुमिइ आकाश, तुमि नीड़।
हे सुन्दर, नीड़े तव-प्रेम सुनिविड़
प्रति क्षणे नाना वर्ण नाना गन्धे गीते
मुग्ध प्राण वेष्टन करेछे चारि भिते।
सेथा उषा डान हाते धरि स्वर्णथाला
निये आसे एकखानि माधुर्येर माला
नीरवे पराये दिते धरार ललाटे;
सन्ध्या आसे नम्रमुखे धेनुशून्य माठे
चिह्नहीन पथ दिये लये स्वर्णझारि
पश्चिमसमुद्र हते भरि शान्तिवारि।

तुमि जेथा आमादेर आत्मार आकाश
अपार सञ्चारक्षेत्र, सेथा शुभ्र भास;
दिन नाइ, रात्रि नाइ, नाइ जनप्राणी,
वर्ण नाइ, गन्ध नाइ—नाइ नाइ वाणी।

Thou art the sky and thou art the nest as well.
O thou beautiful, there in the nest
it is thy love that encloses the soul
with colours and sounds and odours.
There comes the morning
with the golden basket in her right hand
bearing the wreath of beauty,
silently to crown the earth.
And there comes the evening
over the lonely meadows
deserted by herds, through trackless paths,
carrying cool draughts of peace in her golden pitcher
from the western ocean of rest.
But there, where spreads the infinite sky
for the soul to take her flight in,
reigns the stainless white radiance.
There is no day nor night,
nor form nor colour,
and never, never a word.

67

तुम्हीं आकाश हो, तुम्हीं नीड़ भी हो।
हे सुन्दर, नीड़ में तुम्हारा सघन प्रेम
प्रतिक्षण नाना वर्णों, गन्ध और गीतों से
मुग्ध प्राण को आवेष्टित किये हुए है।
वहाँ उषा दाहिने हाथ से स्वर्णथाल ले कर
माधुर्य की एक माला ले आती है—
धरा के ललाट पर चुपचाप सजा देने के लिए;
सन्ध्या आती है नम्रमुख से धेनुरहित मैदान में—
चिह्नहीन पथ पर, हाथों में ले स्वर्णघट,
पश्चिम समुद्र से शान्ति-वारि भर कर।

तुम वहाँ हो जहाँ हमारी आत्मा का आकाश है,
अपार संचरण-क्षेत्र है, वहाँ शुभ्र भास है;
वहाँ दिन नहीं, रात्रि नहीं, जन-प्राणी नहीं हैं,
वर्ण नहीं, गन्ध नहीं—कोई वाणी नहीं है।

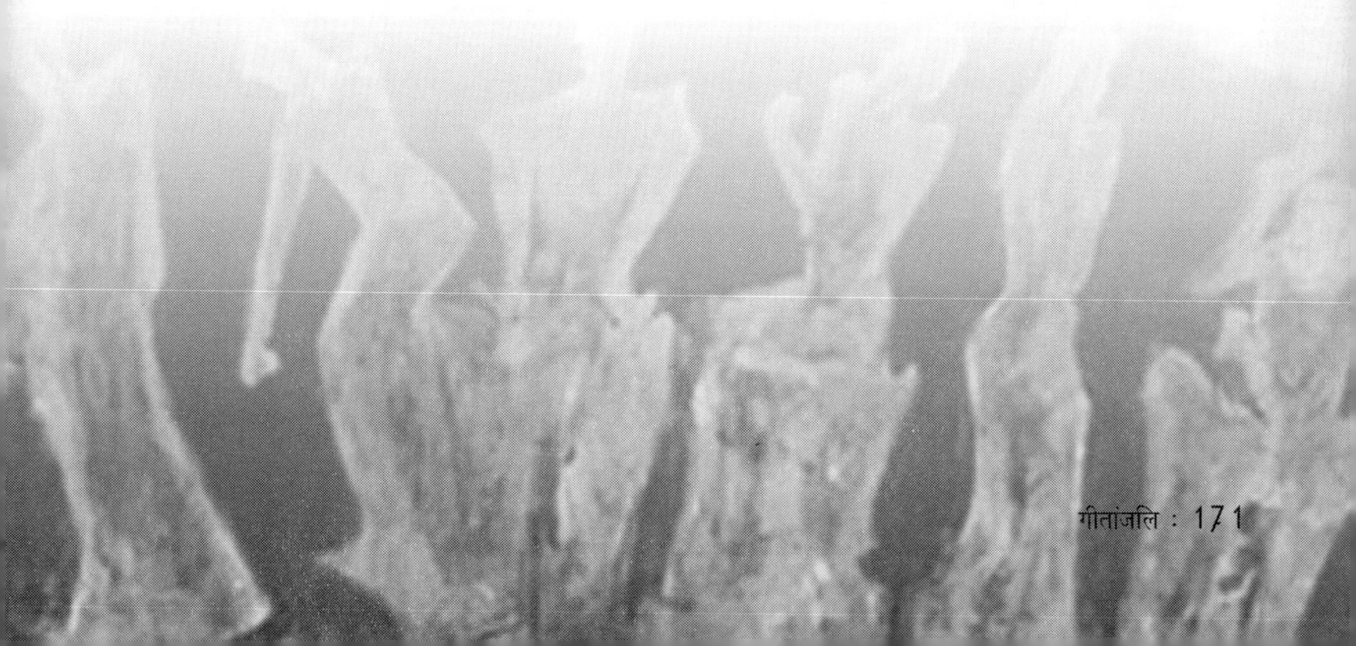

68

तव रविकर आसे कर बाड़ाइया
ए आमार धरणीते।
सारादिन द्वारे रहे केनो दाँड़ाइया,
की आछे की चाय निते।
रातेर आँधारे फिरे जाय जबे, जानि,
नियेे जाय बहि मेघ-आवरणखानि—
नयनेर जले रचित व्याकुल वाणी
खचित ललित गीते।

नव नव रूपे बरने बरने भरि
बुके लह तुलि सेइ मेघ-उत्तरी।
लघु से चपल कोमल श्यामल कालो,
हे निरञ्जन, ताइ बासो तारे भालो,
तारे दिये तुमि ढाको आपनार आलो
सकरुण छायाटिते।

Thy sunbeam comes upon this earth
of mine
with arms outstretched and stands at
my door
the livelong day to carry back to thy
feet
clouds made of my tears and sighs
and songs.
With fond delight thou wrappest
about thy starry breast
that mantle of misty cloud,
turning it into numberless shapes and
folds
and colouring it with hues
everchanging.
It is so light and so fleeting,
tender and tearful and dark,
that is why thou lovest it, O thou
spotless
and serene. And that is why it may
cover thy awful white light with its
pathetic shadows.

68

तुम्हारा रविकर कर फैला कर आता है
मेरी इस धरती पर।
सारे दिन द्वार पर क्यों खड़ा रहता है,
मुझसे क्या लेना चाहता है!
रात के अँधेरे में जब वह लौट जाता है,
जानता हूँ, वह उस मेघ-आवरण को ले जाता है,
जो मेरी अश्रुपूरित व्याकुल वाणी के
ललित गीतों से रचित है।

नव-नव रूपों और वर्णों से भर कर
उस मेघ-उत्तरीय को तुम हृदय से लगा लेते हो।
वह लघु, चपल, कोमल, श्यामल, काला है,
हे निरंजन, इसलिए वह तुम्हें प्रिय है,
तुम उसकी सकरुण छाया से
अपना आलोक ढक लेते हो।

69

ए आमार शरीरेर शिराय शिराय
जे प्राणतरंगमाला रात्रिदीन धाय
सेइ प्राण छुटियाछे विश्वदिग्विजये,
सेइ प्राण अपरूप छन्दे ताले लये
नाचिछे भुवने—सेइ प्राण चुपे चुपे
वसुधार मृत्तिकार प्रति रोमकूपे
लक्ष लक्ष तृणे तृणे सञ्चारे हरषे,
विकाशे पल्लवे पुष्पे; बरषे बरषे
विश्वव्याप्री जन्म-मृत्यु-समुद्र-दोलाय
दुलितेछे अन्तहीन जोयार-भाँटाय
करितेछि अनुभव, से अनन्त प्राण
अंगे अंगे आमारे करेछे महीयान।

सेइ युगयुगान्तेर विराट स्पन्दन
आमार नाड़ीते आजि करिछे नर्तन।

The same stream of life that runs
through my veins
night and day runs through the world
and dances in rhythmic measures.
It is the same life that shoots in joy
through the dust of the earth
in numberless blades of grass and
breaks into tumultuous waves of
leaves and flowers.
It is the same life that is rocked
in the ocean-cradle of birth and of
death,
in ebb and in flow.
I feel my limbs are made glorious
by the touch of this world of life.
And my pride is from the life-throb of
ages
dancing in my blood this moment.

69

मेरे शरीर की शिरा-शिरा में
जिस प्राण की तरंगमाला रात-दिन प्रवाहित होती है,
वही प्राण विश्व-दिग्विजय के लिए निकल पड़ा है,
वही प्राण अपरूप छन्द, ताल, लय से
भुवन में नृत्य कर रहा है,
वही प्राण वसुधा की माटी के रोम-रोम में,
लाख-लाख तृणों में हर्षित हो संचारित हो रहा है,
पल्लव और पुष्पों में विकसित हो रहा है,
वर्ष-वर्ष से विश्वव्यापी जन्म-मृत्यु के समुद्र-हिंडोले में
अन्तहीन ज्वार-भाटे की तरह दोलायमान है।
मैं अनुभव कर रहा हूँ, वही अनन्त प्राण
मेरे अंग-अंग में प्रवाहित हो मुझे महिमान्वित कर रहा है।

युग-युगान्त का वही विराट स्पन्दन
आज मेरी नाड़ी में नर्तन कर रहा है।

70

पारबि ना कि योग दिते एइ छन्दे रे,
खसे जाबार भेसे जाबार
भाङबारइ आनन्दे रे।
पातिया कान शुनिस ना जे
दिके दिके गगन-माझे
मरण-वीणाय की सुर बाजे
तपन-तारा चन्द्रे रे
ज्वालिये आगुन धेये धेये
ज्वलबारइ आनन्दे रे।

पागल-करा गानेर ताने
धाय से कोथा केइबा जाने,
चाय ना फिरे पिछन-पाने,
रय ना बाँधा बन्धे रे
लुटे जाबार छुटे जाबार
चलबारइ आनन्दे रे।

सेइ आनन्द-चरण-पाते
छय ऋतु जे नृत्ये माते,
प्लावन बहे जाय धराते
बरन-गीते गन्धे रे
फेले देबार छेड़े देबार
मरबारइ आनन्दे रे।

Is it beyond thee to be glad with
the gladness of this rhythm? to be
tossed and lost
and broken in the whirl of this fearful
joy?
All things rush on, they stop not,
they look not behind, no power
can hold them back, they rush on.
Keeping steps with that restless,
rapid music,
seasons come dancing and pass
away—
colours, tunes, and perfumes pour
in endless cascades in the abounding
joy
that scatters and gives up and dies
every moment.

70

इस छन्द में क्या तुम योग नहीं दे सकते?
फिसल जाने, बह जाने,
टूट जाने के आनन्द में!
तम कान लगा कर नहीं सुनते
दिशा-दिशा में, गगन में,
सूर्य-तारे-चन्द्र में
मरण-वीणा का कौन-सा सुर बज रहा है—
दौड़-दौड़ कर आग लगा कर
जलने के आनन्द में!

पागल-करते गीतों की तान से
कौन जाने वह कहाँ भागा जा रहा है,
पलट कर पीछे नहीं देखता,
किसी बन्धन में नहीं बँधता—
लुट जाने के, दौड़ जाने के,
चलने के आनन्द में!

उसी आनन्द के चरण-ताल पर
छहों ऋतुएँ नृत्य में मत्त हैं,
धरा पर वर्ण-गीत-गन्ध का
प्लावन बह जाता है—
फेंक देने, छोड़ देने,
मरने के आनन्द में।

71

आमि आमाय करबो बड़ो
एइ तो तोमार माया–
तोमार आलो राङिये दिये
फेलबो रङिन छाया।
तुमि तोमाय राखबे दूरे,
डाकबे तारे नाना सुरे,
आपनारि विरह तोमार
आमाय निलो काया।

विरहगान उठलो बेजे
विश्वगगनमय।
कतो रङेर कान्नाहासि,
कतोइ आशा-भय।
कतो जे ढेउ ओठे पड़े,
कतो स्वपन भाङे गड़े,
आमार माझे रचिले जे
आपन पराजय।

एइ जे तोमार आड़ालखानि–
दिले तुमि ढाका,
दिवानिशि तुलि दिये
हाजार छवि आँका–
एरि माझे आपनाके जे
बाँधा रेखे बसले सेजे,

That I should make much of myself
and turn it on all sides,
thus casting coloured shadows on
thy radiance — such is thy maya.
Thou settest a barrier in thine own
being
and then callest thy severed self in
myriad notes.
This thy self-separation has taken
body in me.
The poignant song is echoed
through all the sky
in many-coloured tears and smiles,
alarms and hopes; waves rise up and
sink again,
dreams break and form.
In me is thy own defeat of self.
This screen that thou hast raised
is painted with innumerable figures
with
the brush of the night and the day.
Behind it thy seat
is woven in wondrous mysteries of
curves,
casting away all barren fines of

71

मैं अपने को बड़ा बनाऊँगा
यह तो तुम्हारी माया है—
तुम्हारे आलोक को उज्ज्वल कर के
अपनी रंगीन छाया को प्रसारित करूँगा।
तुम अपने को दूर रखोगे,
नाना सुरों से उसे पुकारोगे,
स्वयं तुम्हारे ही विरह ने
मुझमें काया पा ली है।

समस्त विश्वगगन में
विरह गीत बज उठा—
कितने रंगो के रुदन-हास,
कितनी आशा और भय के सहित।
कितनी लहरें उठती-गिरती हैं,
कितने सपने बनते और बिगड़ते हैं—
जब तुम मेरे भीतर
अपनी पराजय की रचना करते हो।

यह जो तुम्हारा आवरण है
जिसमें तुम छिपे हो,
रात-दिन की तूलिका से
उसमें हज़ारों चित्र अंकित हैं।
इसी के भीतर तुमने अपने को बाँध लिया है,
सज-धज कर बैठे हो,

सोजा किछु राखले ना, सब
मधुर बाँके बाँका।

आकाश जुड़े आज लेगेछे
तोमार आमार मेला।
दूरे काछे छड़िये गेछे
तोमार आमार खेला।
तोमार आमार गुञ्जरणे
बातास माते कुञ्जरणे
तोमार आमार जावा-आसाय
काटे सकल वेला।

straightness.
The great pageant of thee and me
has overspread the sky.
With the tune of thee and me
all the air is vibrant, and all ages pass
with the hiding and seeking of thee
and me.

तुमने सीधा-सरल कुछ भी नहीं रखा,
सब कुछ मधुर बाँक से बंकिम है।

पूरे आकाश को भर कर
मेरा और तुम्हारा मेला लगा है।
मेरा और तुम्हारा खेल
दूर और निकट तक प्रसारित हो गया है।
मेरे और तुम्हारे गुंजन से
कुंजवन में हवा मत्त हो गयी है,
मेरे और तुम्हारे आवागमन से
समस्त काल व्यतीत हो रहा है।

72

के गो अन्तरतर से।
आमार चेतना आमार वेदना
तारि सुगभीर परशे।
आँखिते आमार बुलाय मन्त्र,
बाजाय हृदय-वीणार तन्त्र,
कतो आनन्दे जागाय छन्द
कतो सुखे दुखे हरषे।

सोनालि रूपालि सबुजे सुनीले
से एमन माया केमने गाँथिले,
तारि से आड़ाले चरण बाड़ाले,
डुबाले से सुधारसे।

कतो दिन आसे कतो युग जाय
गोपने गोपने परान भुलाय,
नाना परिचये नाना नाम लये
निति निति रस बरषे।

He it is, the innermost one,
who awakens my being with his deep
hidden touches.
He it is who puts his enchantment
upon these eyes and joyfully plays
on the chords of my heart in varied
cadence of
pleasure and pain,
He it is who weaves the web of
this *maya*
in evanescent hues of gold and silver,
blue and green,
and lets peep out through the folds his
feet,
at whose touch I forget myself.
Days come and ages pass, and it is
ever he
who moves my heart in many a name,
in many a guise, in many a rapture
of joy and of sorrow.

72

मेरे अन्तरतर में वह कौन है!
मेरी चेतना, मेरी वेदना को
उसी का गहरा स्पर्श मिला है।
मेरी आँखों पर वह मन्त्र सहला रहा है,
मेरी हृदय-वीणा के तारों को बजा रहा है,
कितने आनन्द-छन्द को जगा रहा है—
मेरे कितने सुख, दुख, हर्ष में।

सुनहले, रुपहले, हरे, नीले रंगों की
ऐसी माया उसने कैसे गूँथी,
उसी की ओट में चरण बढ़ा कर
उसने सुधारस में मुझे डुबो दिया।

कितने दिन आते हैं, कितने युग बीत जाते हैं,
गोपन रह कर वह मेरे प्राणों को मोहित कर लेता है,
नाना परिचय, नाना नाम के द्वारा
वह नित्य-नित्य रस बरसाता है।

73

वैराग्यसाधने मुक्ति, से आमार नय।

असंख्यबन्धन-माझे महानन्दमय
लभिबो मुक्तिर स्वाद। एइ वसुधार
मृत्तिकाय पात्रखानि भरि बारम्बार
तोमार अमृत ढालि दिबे अविरत
नाना-वर्ण-गन्ध-मय। प्रदीपेर मतो
समस्त संसार मोर लक्ष वर्तिकाय
ज्वालाये तुलिबे आलो तोमारि शिखाय
तोमार मन्दिर-माझे।

इन्द्रियेर द्वार
रुद्ध करि योगासन, से नहे आमार।
जे-किछु आनन्द आछे दृश्ये गन्धे गाने
तोमार आनन्द रबे तार माझखाने।

मोह मोर मुक्तिरूपे उठिबे ज्वलिया,
प्रेम मोर भक्तिरूपे रहिबे फलिया।

Deliverance is not for me in
renunciation.
I feel the embrace of freedom
in a thousand bonds of delight.
Thou ever pourest for me the fresh
draught of
thy wine of various colours and
fragrance,
filling this earthen vessel to the brim.
My world will light its hundred
different lamps
with thy flame and place them before
the altar of thy temple.
No, I will never shut the doors
of my senses. The delights of sight
and
hearing and touch will bear thy
delight.
Yes, all my illusions will burn into
illumination of joy,
and all my desires ripen into fruits of
love.

73

वैराग्य-साधना में मेरी मुक्ति नहीं है।

असंख्य बन्धन के मध्य मैं
महानन्दमय मुक्ति का स्वाद प्राप्त करूँगा।
इस वसुधा के मृत्तिका-पात्र को भर कर
तुम बारम्बार, नाना वर्ण-गन्धमय
अपना अमृत निरन्तर ढालोगे।
मेरा समस्त संसार तुम्हारी ही शिखा से
लाखों दीप जला कर आलोकित करेगा
तुम्हारे ही मंदिर को।

इंद्रिय-द्वार रुद्ध कर के
मैं योगासन नहीं करूँगा।
दृश्य, गन्ध और गीतों में जो भी आनन्द है
उसके बीच तुम्हारा ही आनन्द रहेगा।

मेरा मोह मुक्ति के रूप में जल उठेगा,
मेरा प्रेम भक्ति के रूप में फलित हो जायेगा।

74

आर नाइ रे वेला, नामलो छाया
धरणीते,
एखन चल् रे घाटे कलसखानि
भरे निते।
जलधारार कलस्वरे
सन्ध्यागगन आकुल करे
ओरे, डाके आमाय पथेर परे
सेइ ध्वनिते।
चल् रे घाटे कलसखानि
भरे निते।

एखन विज़न पथे करे ना केउ
आसा-जावा—
ओरे, प्रेम-नदीते उठेछे ढेउ,
उतल हावा।
जानि ने आर फिरबो कि ना,
कार साथ आज हबे चिना,
घाटे सेइ अजाना बाजाय वीणा
तरणीते।
चल् रे घाटे कलसखानि
भरे निते।

The day is no more, the shadow is
upon the earth.
It is time that I go to the stream to fill
my pitcher.
The evening air is eager with the
sad music of
the water. Ah, it calls me out into the
dusk.
In the lonely lane there is no passer
by, the wind is up,
the ripples are rampant in the river.
I know not if I shall come back
home.
I know not whom I shall chance to
meet.
There at the fording in the little boat
the unknown man plays upon his lute.

74

वेला बीत गयी, धरती पर
छाया उतर आयी,
अब घाट पर चलो
कलश भर लेने के लिए।
जलधारा के कल-कल स्वर से
सान्ध्य-गगन को आकुल कर के,
अरे, वह ध्वनि
मुझे पथ पर बुला रही है।
अब घाट पर चलो
कलश भर लेने के लिए।

अब विजन पथ पर
कोई आना-जाना नहीं करता—
अरे, प्रेम-नदी में लहर उठी है,
प्रबल हवा बह रही है।
नहीं जानता फिर लौटूँगा या नहीं!
जाने आज किससे पहचान होगी,
घाट पर वही अजाना
तरणी में वीणा बजा रहा है।
अब घाट पर चलो
कलश भर लेने के लिए।

75

मर्त्यवासीदेर तुमि जा दियेछ प्रभु,
मर्त्येर सकल आशा मिटाइया तबु
रिक्त ताहा नाहि हय। तार सर्वशेष
आपनि खुँजिया फिरे तोमारि उद्देश।

नदी धाय नित्यकाजे, सर्व कर्म सारि
अन्तहीन धारा तार चरणे तोमारि
नित्य जलाञ्जलिरूपे झरे अनिवार।
कुसुम आपन गन्धे समस्त संसार
सम्पूर्ण करिया तबु सम्पूर्ण ना हय,
तोमारि पूजाय तार शेष परिचय।
संसारे वञ्चित करि तव पूजा नहे।

कवि आपनार गाने जतो कथा कहे
नाना जने लहे तार नाना अर्थ टानि,
तोमा-पाने धाय तार शेष अर्थखानि।

Thy gifts to us mortals fulfil all our needs
and yet run back to thee undiminished.
The river has its everyday work to do
and hastens through fields and hamlets; yet
its incessant stream winds towards the washing of thy feet.
The flower sweetens the air with its perfume;
yet its last service is to offer itself to thee.
Thy worship does not impoverish the world.
From the words of the poet
men take what meanings please them; yet
their last meaning points to thee.

75

मर्त्यवासियों को तुमने जो भी दिया है, प्रभु,
मर्त्य की सकल आशाओं को पूरा कर के भी
वह रिक्त नहीं होता। अन्ततः वह
तुम्हारी खोज में निकल पड़ता है।

नदी अपने नित्यकर्म से दौड़ती रहती है,
सभी काम पूरे कर उसकी अन्तहीन धारा
तुम्हारे चरणों में जलांजलि देने पहुँच जाती है।
कुसुम अपनी सुगन्ध से समस्त संसार को
परिपूर्ण कर के भी सम्पूर्ण नहीं होता,
तुम्हारी पूजा में ही उसका अन्तिम परिचय है।
संसार को वंचित कर के तुम्हारी पूजा नहीं होगी।

कवि अपने गीतों में जितनी बातें कहता है
नाना जन उसके नाना अर्थ ग्रहण करते हैं,
किन्तु उसका अन्तिम अर्थ तो तुम्हारी ओर धावित होता है।

76

प्रतिदिन आमि, हे जीवनस्वामी,
दाँड़ाबो तोमारि सम्मुखे।
करि जोड़कर, हे भुवनेश्वर,
दाँड़ाबो तोमारि सम्मुखे।

तोमार अपार आकाशेर तले
विजने विरले हे,
नम्रहृदये नयनेर जले
दाँड़ाबो तोमारि सम्मुखे।

तोमार विचित्र ए भवसंसारे
कर्मपारावार-पारे हे,
निखिल-जगतजनेर माझारे
दाँड़ाबो तोमारि सम्मुखे।

तोमार ए भवे मोर काज जबे
समापन हबे हे,
ओगो राजराज, एकाकी नीरव
दाँड़ाबो तोमारि सम्मुखे।

Day after day, O lord of my life,
shall I stand before thee face to face.
With folded hands, O lord of all
worlds,
shall I stand before thee face to face.
Under thy great sky in solitude and
silence,
with humble heart shall I stand before
thee face to face.
In this laborious world of thine,
tumultuous with
toil and with struggle,
among hurrying crowds shall I stand
before thee face to face.
And when my work shall be done
in this world,
O King of kings, alone and speechless
shall I stand before thee face to face.

76

प्रतिदिन मैं, हे जीवनस्वामी
तुम्हारे सम्मुख खड़ा रहूँगा।
हाथ जोड़ कर, हे भुवनेश्वर
तुम्हारे सम्मुख खड़ा रहूँगा।

तुम्हारे अपार आकाश के तले,
विजन में, विरल में,
नम्र हृदय से, नयन-जल सहित
तुम्हारे सम्मुख खड़ा रहूँगा।

तुम्हारे इस विचित्र भव-संसार में
कर्म-पारावार के पार,
निखिल-जगत्-जन के बीच
तुम्हारे सम्मुख खड़ा रहूँगा।

तुम्हारे इस भव में
जब मेरे काम पूरे हो जायेंगे,
तब हे राजाधिराज, एकाकी नीरव रह
तुम्हारे सम्मुख खड़ा रहूँगा।

77

देवता जेने दूरे रइ दाँड़ाये,
आपन जेने आदर करि ने।
पिता बले प्रणाम करि पाये,
बन्धु बले दू हात धरि ने।
आपनि तुमि अतो सहज प्रेमे
आमार हये एले जेथाय नेमे
सेथाय सुखे बुकेर मध्ये धरे
संगी बले तोमाय बरि ने।

भाइ तुमि जे भाइयेर माझे प्रभु,
तादेर पाने ताकाइ ना जे तबु,
भाइयेर साथे भाग करे मोर धन
तोमार मुठा केनो भरि ने।
छुटे एसे सबार सुखे दुखे
दाँड़ाइ ने तो तोमारइ सम्मुखे,
सँपिये प्राण क्लान्तिविहीन काजे
प्राणसागरे झाँपिये पड़ि ने।

I know thee as my God and stand
apart—
I do not know thee as my own and
come closer.
I know thee as my father and bow
before thy feet—
I do not grasp thy hand as my friend's.
I stand not where thou comest
down
and ownest thyself as mine,
there to clasp thee to my heart
and take thee as my comrade.
Thou art the Brother amongst my
brothers,
but I heed them not; I divide not
my earnings with them,
thus sharing my all with thee.
In pleasure and in pain I stand not
by the side of men, and thus stand by
thee.
I shrink to give up my life, and
thus do not plunge into the great
waters of life.

77

देवता जान दूर ही खड़ा रहा
अपना जान तुमसे प्रेम न किया।
पिता मान चरणों को प्रणाम किया
बन्धु मान दोनों हाथ न धरा।
तुम तो अपने सहज प्रेमवश
मेरे हो कर जहाँ उतर आये,
वहाँ सुखपूर्वक अपने हृदय में धारण कर
संगी के रूप में तुम्हारा वरण न किया।

भाइयों के बीच तुम भाई हो प्रभु,
तो भी उनकी ओर मैंने देखा तक नहीं,
भाइयों के साथ बाँट कर अपना धन
तुम्हारी मुट्ठी मैंने क्यों नहीं भर दी!
दौड़ा आ कर सबके सुख-दुःख में
तुम्हारे सम्मुख खड़ा तो नहीं हुआ,
सौंप कर अपना प्राण क्लान्ति-विहीन कर्म में
प्राण-सागर मे मैं कूद नहीं पड़ा।

78

विधि जेदिन क्षान्त दिलेन
सृष्टि करार काजे
सकल तारा उठलो फुटे
नील आकाशेर माझे।
नवीन सृष्टि सामने रेखे
सुरसभार तले
छायापथे देवृता सबाइ
बसेन दले दले।
गाहेन ताँरा, 'की आनन्द!
ए की पूर्ण छवि।
ए की मन्त्र, ए की छन्द–
ग्रह चन्द्र रवि!'

हेनोकाले सभाय के गो
हठात् बलि ओठे
'ज्योतिर मालाय एकटि तारा
कोथाय गेछे टुटे!'
छिंड़े गेलो वीणार तन्त्री,
थेमे गेलो गान–
हारा तारा कोथाय गेलो
पड़िलो सन्धान।
सबाइ बले, 'सेइ तारातेइ
स्वर्ग हतो आलो–
सेइ ताराटाइ सबारबड़ो,
सबार चेये भालो।'

When the creation was new and all
the stars
shone in their first splendour, the gods
held their assembly in the sky and
sang,
"Oh, the picture of perfection! the joy
unalloyed!"
But one cried of a sudden — "It
seems that
somewhere there is a break in the
chain of light
and one of the stars has been lost."
The golden string of their harp
snapped,
their song stopped, and they cried in
dismay—
"Yes, that lost star was the best,
she was the glory of all heavens!"

78

विधाता ने जिस दिन अपना
सृष्टि करने का कार्य पूरा कर लिया
उस दिन सभी तारे
नीले आकाश में खिल गये।
नवीन सृष्टि के सामने
सुरसभा के नीचे छायापथ में
सभी देवता झुंड के झुंड
आ कर बैठ गये।
वे गाने लगे, 'कैसा आनन्द है!
कैसी पूर्ण छवि है।
कैसे मन्त्र, कैसे छन्द में
ग्रह, चन्द्र, रवि बँधे हैं!'

तभी अचानक सभा में
कोई बोल उठा–
'ज्योतिमाला का एक तारा
टूट कर कहाँ गिर गया!'
वीणा के तार टूट गये,
गीत थम गया–
खोया तारा कहाँ गया
उसकी खोज होने लगी।
सब कहने लगे, 'उस तारे से ही
स्वर्ग आलोकित होता था–
वही तारा सबसे बड़ा था,
सबसे सुन्दर था।'

सेदिन हते जगत् आछे
सेइ ताराटिर खोंजे
तृप्ति नाहि दिने, रात्रे
चक्षु नाहि बोजे।
सबाइ बले, 'सकल चेये
तारेइ पावा चाइ।'
सबाइ बले, 'से गियेछे
भुवन काना ताइ।'
शुधु गभीर रात्रिवेलाय
स्तब्ध तारार दले
'मिथ्या खोंजा, सबाइ आछे'
नीरव हेसे बले।

From that day the search is unceasing for her,
and the cry goes on from one to the other that
in her the world has lost its one joy!
Only in the deepest silence of night
the stars smile and whisper among themselves—
"Vain is this seeking!
Unbroken perfection is over all!"

उस दिन से सारा जगत्
उस तारे की खोज करने लगा–
दिन में चैन नहीं था,
रात में आँख नहीं लगती थी।
सब कहने लगे, 'उस तारे को
पाना ही होगा।'
सब कहने लगे, 'उसके खो जाने से
भुवन तो काना हो गया।'
गहरी रात के समय
स्तब्ध तारकदल जुड़ा,
नीरव हँस कर उन्होंने कहा–
'व्यर्थ है यह खोज, सभी तो हैं यहाँ।'

79

यदि तोमार देखा ना पाइ, प्रभु,
एबार ए जीवने
तबे तोमाय आमि पाइ नि जेनो
से कथा रय मने।
जेनो भुले ना जाइ, वेदना पाइ
शयने स्वपने।

ए संसारेर हाटे
आमार जतोइ दिवस काटे,
आमार जतोइ दु हात भरे ओठे धने,
तबु किछुइ आमि पाइ नि जेनो
से कथा रय मने।
जेनो भुले ना जाइ, वेदना पाइ
शयने स्वपने।

यदि आलसभरे
आमि बसि पथेर परे,
यदि धुलाय शयन पाति सयतने,
जेनो सकल पथइ बाकि आछे
से कथा रय मने।
जेनो भुले ना जाइ, वेदना पाइ
शयने स्पने।

जतोइ ओठे हासि,
घरे जतोइ बाजे बाँशि,
ओगो, जतोइ गृह साजाइ आयोजने,
जेनो तोमाय घरे हय नि आना
से कथा रय मने।
जेनो भुले ना जाइ, वेदना पाइ
शयने स्वपने।

If it is not my portion to meet thee in
this my life
then let me ever feel that I have
missed thy sight—
let me not forget for a moment, let me
carry the pangs
of this sorrow in my dreams and in
my wakeful hours.
As my days pass in the crowded
market of this world
and my hands grow full with the daily
profits,
let me ever feel that I have gained
nothing—
let me not forget for a moment, let me
carry the pangs
of this sorrow in my dreams and in
my wakeful hours.
When I sit by the roadside, tired
and panting,
when I spread my bed low in the dust,
let me ever feel that the long journey
is still before me —
let me not forget for a moment, let me
carry the pangs
of this sorrow in my dreams and in
my wakeful hours.
When my rooms have been decked
out and the flutes sound
and the laughter there is loud, let me
ever feel that I have not
invited thee to my house—
let me not forget for a moment, let me
carry the pangs
of this sorrow in my dreams
and in my wakeful hours.

79

प्रभु, यदि इस जीवन में
तुम्हारा दर्शन न पा सकूँ
तो तुम्हें मैंने नहीं पाया है—
यह बात मेरे मन में रहे।
मैं भूल न जाऊँ,
शयन और स्वप्न में भी व्यथित रहूँ।

इस संसार की हाट में
मेरे जितने भी दिन बीतें,
मेरे दोनों हाथ धन से जितना भी भर जायें,
तो भी मानो मुझे कुछ भी नहीं मिला है—
यह बात मेरे मन में रहे।
मैं भूल न जाऊँ,
शयन और स्वप्न में भी व्यथित रहूँ।

यदि आलस से भर कर
मैं पथ पर बैठ जाऊँ,
यदि धूल पर सेज बिछा लूँ जतन से,
तो भी मेरी पूरी यात्रा अभी बाकी है—
यह बात मेरे मन में रहे।
मैं भूल न जाऊँ,
शयन और स्वप्न में भी व्यथित रहूँ।

चाहे जितनी हँसी उठे,
घर में जितनी भी बाँसुरी बजे,
आयोजनपूर्वक जितना भी घर सजाऊँ,
किन्तु तुम्हें घर में लाना नहीं हुआ है—
यह बात मेरे मन में रहे।
मैं भूल न जाऊँ,
शयन और स्वप्न में भी व्यथित रहूँ।

४०

आमि शरत्‌शेषेर मेघेर मतो
तोमार गगन-कोणे
सदाइ फिरि अकारणे।
तुमि आमार चिरदिनेर
दिनमणि गो—
आजो तोमार किरण-पाते
मिशिये दिये आलोर साथे
देय नि मोरे वाष्प करे
तोमार परशनि—
तोमा हते पृथक हये
वत्सर मास गणि।

ओगो, एमनि तोमार इच्छा यदि,
एमनि खेला तव,
तबे खेलाओ नव नव।
लये आमार तुच्छ कणिक
क्षणिकता गो—
साजाओ तारे वर्णे वर्णे
डुबाओ तारे तोमार स्वर्णे,
वायुर स्रोते भासिये तारे
खेलाओ यथा-तथा—
शून्य आमाय निये रचो
नित्य विचित्रता।

I am like a remnant of a cloud of
autumn
uselessly roaming in the sky,
O my sun ever-glorious! Thy touch
has not yet melted my vapour,
making me one with thy light, and
thus
I count months and years separated
from thee.
If this be thy wish and
if this be thy play, then
take this fleeting emptiness of mine,
paint it with colours, gild it with gold,
float it on the wanton wind
and spread it in varied wonders.
And again when it shall be thy
wish

८०

शरदान्त के मेघ की तरह
तुम्हारे गगन के कोने में
अकारण ही सदा फिरता रहता हूँ।
हे मेरे
चिरदिवस के दिनमणि–
आज भी तुम्हारी किरणों ने
प्रकाश के साथ मिश्रित कर के,
अपने स्पर्श से
मुझे वाष्प नहीं बना दिया है–
तुमसे अलग रह कर
वर्ष-मास गिनता रहता हूँ।

यदि ऐसी ही तुम्हारी इच्छा है,
यदि ऐसा ही तुम्हारा खेल है,
तो नये-नये खेल खेलाओ।
मेरी तुच्छ क्षणिकता
को ले कर–
उसे नये-नये रंगों से सजाओ,
उसे अपने सोने में डुबो दो,
वायु के प्रवाह में उसे बहा कर
चाहे जैसे खेल करो–
मेरे शून्य में नित्य
विचित्रता की रचना करो।

ओगो, आबार जबे इच्छा हबे
सांग कोरो खेला
घोर निशीथ-रात्रिवेला।
अश्रुधारे झरे जाबो
अन्धकारे गो—
प्रभात-काले रबे केवल
निर्मलता शुभ्रशीतल,
रेखाविहीन मुक्त आकाश
हासबे चारि धारे—
मेघेर खेला मिशिये जाबे
ज्योतिसागर-पारे।

to end this play at night,
I shall melt and vanish away in the dark,
or it may be in a smile
of the white morning,
in a coolness of purity transparent.

फिर जब तुम्हारी इच्छा हो
इस खेल का अवसान कर देना—
गहन अँधेरी रात में।
मैं अश्रुधारा में झर जाऊँगा
उस अँधेरी रात में—
प्रभात-काल में बची रहेगी
केवल शुभ्रशीतल निर्मलता,
रेखाविहीन मुक्त आकाश
चारों दिशाओं में हँसेगा—
मेघों का खेल विलीन हो जायेगा
ज्योति-सागर के पार।

81

माझे माझे कतो बार भाबि कर्महीन
आज नष्ट हलो वेला, नष्ट हलो दिन।

नष्ट हय नाइ, प्रभु, से सकल क्षण—
आपनि तादेर तुमि करेछो ग्रहण
ओगो अन्तर्यामी देव! अन्तरे अन्तरे
गोपने प्रच्छन्न रहि कोन् अवसरे
बीजेरे अंकुररूपे तुलेछो जागाये;
मुकुले प्रस्फुटवर्णे दियेछो राङाये;
फुलेरे करेछो फल रसे सुमधुर,
बीजे परिणत गर्भ। आमि निद्रातुर
आलस्यशय्यार परे श्रान्तिते मरिया
भेबेछिनु सब कर्म रहिलो पड़िया।

प्रभाते जागिया उठि मेलिनु नयन;
देखिनु भरिया आछे आमार कानन।

On many an idle day have I grieved
over lost time. But it is never lost,
my lord. Thou hast taken every moment
of my life in thine own hands.
Hidden in the heart of things thou art
nourishing seeds into sprouts, buds into blossoms,
and ripening flowers into fruitfulness.
I was tired and sleeping on my idle bed
and imagined all work had ceased.
In the morning I woke up and found
my garden full with wonders of flowers.

81

बीच-बीच में सोचता हूँ—
मेरे कर्महीन दिवस व्यर्थ ही बीत गये।

किन्तु वे व्यर्थ नहीं गये, प्रभु
उन समस्त क्षणों को तुमने स्वयं ग्रहण किया है,
हे अन्तर्यामी देव! मेरे अन्तर में छिपे रह कर तुमने
बीज को अंकुर रूप में जगा दिया;
मुकुल में लाली भर उसे प्रस्फुटित कर दिया;
फूल को फल बना कर उसे मधुर रस से भर दिया,
गर्भ को बीज में परिणत किया।
मैं निद्रातुर, आलस से भर, श्रान्त हो
शय्या पर पड़ा रहा, सोचा—
मेरे सारे काम पड़े हुए हैं।

प्रभात में जग कर जब मैंने आँखें खोलीं
तो पाया, मेरा कानन भरा हुआ है।

82

हे राजेन्द्र, तव हाते काल अन्तहीन।

गणना केहो ना करे-रात्रि आर दिन
आसे जाय, फुटे झरे युगयुगान्तरा।
विलम्ब नाहिको तव, नाहि तव त्वरा–
प्रतीक्षा करिते जानो। शतवर्ष धरे
एकटि पुष्पेर कलि फुटाबार तरे
चले तव धीर आयोजन। काल नाइ
आमादेर हाते; काड़ाकाड़ि करे ताइ
सबे मिले, देरि कारो नाहि सहे कभु।

आगे ताइ सकलेर सब सेवा, प्रभु,
शेष कबे दिते दिते केटे जाय काल–
शून्य पड़े थाके, हाय, तव पूजाथाल।

असमये छुटे आसि, मने बासि भय–
एसे देखि, जाय नाइ तोमार समय।

Time is endless in thy hands, my lord.
There is none to count thy minutes.
Days and nights pass and ages bloom
and fade like flowers. Thou knowest
how to wait.
Thy centuries follow each other
perfecting a small wild flower.
We have no time to lose, and
having no time we must scramble for
our chances.
We are too poor to be late.
And thus it is that time goes by
while I give it to every querulous man
who claims it, and thine altar is
empty of all offerings to the last.
At the end of the day I hasten in
fear
lest thy gate be shut; but I find that
yet there is time.

82

हे राजेन्द्र तुम्हारे हाथों अन्तहीन काल है।

इसकी गणना करने वाला कोई नहीं—रात और दिन
आते जाते हैं, युग और युगान्त खिलते-झरते हैं।
तुम्हें न तो विलंब होता है और न ही त्वरा होती है—
तुम प्रतीक्षा करना जानते हो।
सैकड़ों वर्षों से एक कली को प्रस्फुटित करने के लिए
तुम्हारा धीर आयोजन चलता रहता है।
काल हमारे हाथ में नहीं है; इसलिए सभी मिल कर
छीना-झपटी करते हैं, हम देर नहीं सहन कर सकते।

दूसरों की सेवा करते-करते ही प्रभु,
हमारा सारा समय बीत जाता है—
तुम्हारी पूजा की थाली सूनी पड़ी रह जाती है।

दिन ढलने पर हम दौड़े, सहमे हुए आते हैं,
किन्तु पाते हैं—तुम्हारा समय अभी बीता नहीं है।

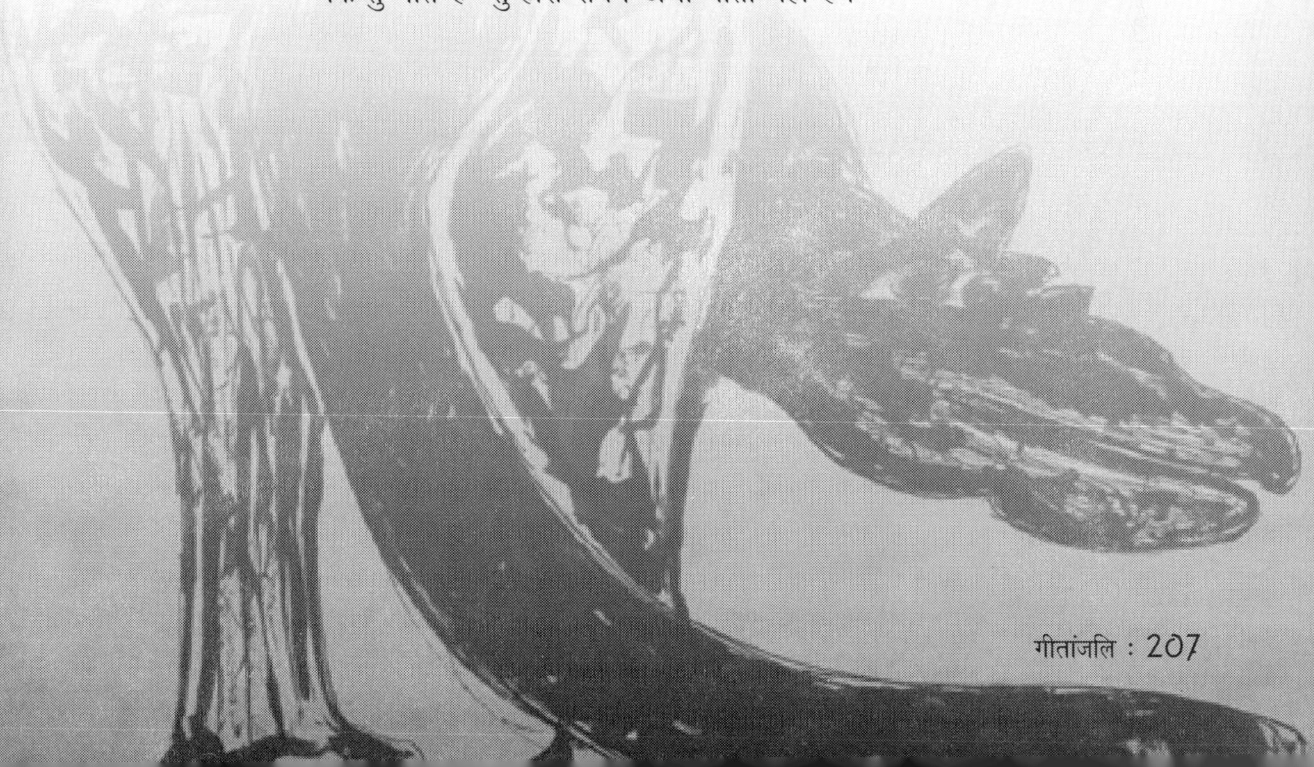

83

तोमार सोनार थालाय साजाबो आज
दुखेर अश्रुधार।
जननी गो, गाँथबो तोमार
गलार मुक्ताहार।
चन्द्रसूर्य पायेर काछे
माला हये जड़िये आछे,
तोमार बुके शोभा पाबे आमार
दुखेर अलंकार।

धन धान्य तोमारि धन,
की करबे ता कउ।
दिते चाओ तो दियो आमाय,
निते चाओ तो लओ।
दुःख आमार घरेर जिनिस
खाँटि रतन तुइ तो चिनिस—
तोर प्रसाद दिये तारे किनिस,
ए मोर अहंकार।

Mother, I shall weave a chain of pearls
for thy neck with my tears of sorrow.
The stars have wrought their anklets
of light to deck thy feet, but
mine will hang upon thy breast.
Wealth and fame come from thee
and it is for thee to give or to withhold them.
But this my sorrow is absolutely mine own,
and when I bring it to thee as my offering
thou rewardest me with thy grace.

83

तुम्हारी सोने की थाली में आज
दुःख का अश्रुधार सजाऊँगा,
जननि हे, तुम्हारे गले का
मुक्ताहार गूथूँगा।
तुम्हारे चरणों में चन्द्र-सूर्य
माला बन कर लिपटे हैं,
किन्तु तुम्हारे वक्ष पर शोभित होंगे
मेरे दुःख के अलंकार।

धन-धान्य तो सब तुम्हारा ही है
बोलो, इनका क्या करोगी!
देना चाहो तो मुझे दे दो,
लेना चाहो तो ले लो।
किन्तु दुःख तो मेरे घर की वस्तु है,
इस खरे रत्न को तुम पहचानती हो—
अपना प्रसाद दे कर इसे खरीद लेती हो,
इसी का मुझे अहंकार है।

84

हेरि अहरह तोमारि विरह
भुवने भुवने राजे हे।
कतो रूप धरे कानने भूधरे
आकाशे सागरे साजे हे।
सारा निशि धरि ताराय ताराय
अनिमेष चोखे नीरवे दाँड़ाय,
पल्लवदले श्रावणधाराय
तोमार विरह बाजे हे।

घरे-घरे आजि कतो वेदनाय
तोमार गभीर विरह घनाय,
कतो प्रेमे हाय कतो वासनाय
कतो सुखे दुखे काजे हे।

सकल जीवन उदास करिया
कतो गाने सुरे गलिया झरिया
तोमारि विरह उठिछे झरिया
आमार हियार माझे हे।

It is the pang of separation that spreads
throughout the world and gives birth
to shapes innumerable in the infinite sky.
It is this sorrow of separation that
gazes in silence all night from star to star
and becomes lyric among rustling leaves
in rainy darkness of July.
It is this overspreading pain
that deepens into loves and desires,
into sufferings and joys in human homes;
and this it is that ever melts and flows in songs
through my poet's heart.

84

मैं निरन्तर तुम्हारे विरह को देख रहा हूँ
जो समस्त भुवन में छाया हुआ है।
कितने रूप धारण कर यह कानन में,
भूधर, आकाश और सागर में सज्जित है।
रात भर यह तारों के भीतर
निर्निमेष दृष्टि से नीरव खड़ा है,
पल्लव-दल पर श्रावणधारा के रूप में
तुम्हारा ही विरह बरस रहा है।

घर-घर में आज कितनी वेदना में
तुम्हारा ही विरह घनीभूत हुआ है—
कितने प्रेम में, हाय कितनी वासनाओं में
कितने सुख-दुःख पूर्ण कार्य में।

समस्त जीवन उदास कर के
कितने गीतों, सुरों में गल कर, झर कर
तुम्हारा ही विरह भर गया है—
मेरे हृदय के भीतर।

85

प्रभुगृह हते आसिले जेदिन
वीरेर दल
सेदिन कोथाय छिलो जे लुकानो
विपुल बल!
कोथाय वर्म, अस्त्र कोथाय,
क्षीण दरिद्र अति-असहाय,
चारि दिक हते एसेछे आघात
अनर्गल—
प्रभुगृह हते आसिले जेदिन
वीरेर दल।

प्रभुगृहमाझे फिरिले जेदिन
वीरेर दल
सेदिन कोथाय लुकालो आबार
विपुल बल!
धनु शर असि कोथा गेलो खसि,
शान्तिर हासि उठिलो विकशि—
चले गेले राखि सारा जीवनेर
सकल फल,
प्रभुगृहमाझे फिरिले जेदिन—
वीरेर दल।

When the warriors came out first
from their master's hall,
where had they hid their power?
Where were their armour and their
arms?
They looked poor and helpless,
and the arrows were showered upon
them
on the day they came out from their
master's hall.
When the warriors marched back
again to their master's hall,
where did they hide their power?
They had dropped the sword
and dropped the bow and the arrow;
peace was on their foreheads,
and they had left the fruits of their life
behind them on the day they marched
back
again to their master's hall.

85

प्रभुगृह से जिस दिन आया
वीरों का दल,
उस दिन कहाँ छिपा हुआ था उनका
विपुल बल!
वर्म कहाँ थे, अस्त्र कहाँ थे,
वे क्षीण, दरिद्र, अति असहाय थे,
उन पर चारों ओर से
अनर्गल आघात आया—
प्रभुगृह से जिस दिन आया
वीरों का दल।

प्रभुगृह में लौट गया जिस दिन
वीरों का दल,
उस दिन पुनः कहाँ छिप गया उनका
विपुल बल!
धनुष, शर, असि कहाँ छूट गये,
शान्ति की हँसी विकसित हो गयी—
वे अपने जीवन भर का
समस्त फल रख गये,
प्रभुगृह में लौट गया जिस दिन
वीरों का दल।

86

पाठाइले आजि मृत्युर दूत
आमार घरेर द्वारे,
तव आह्वान करि से वहन
पार हये एलो पारे।

आजि ए रजनी तिमिर-आँधार,
भयभारातुर हृदय आमार,
तबु दीप हाते खुलि दिया द्वार
नमिया लइबो तारे।
पाठाइले आजि मृत्युर दूत
आमार घरेर द्वारे।

पूजिबो ताहारे जोड़-कर करि
व्याकुल नयनजले;
पूजिबो ताहारे परानेर धन
सँपिया चरणतले।

आदेश पालन करिया तोमारि
जाबे से आमार प्रभात आँधारि,
शून्य भवने बसि तव पाये
अर्पिबो आपनारे।
पाठाइले आजि मृत्युर दूत
आमार घरेर द्वारे।

Death, thy servant, is at my door.
He has crossed the unknown sea
and brought thy call to my home.
The night is dark and my heart is fearful—
yet I will take up the lamp, open my gates
and bow to him my welcome.
It is thy messenger who stands at my door.
I will worship him with folded hands,
and with tears. I will worship him
placing at his feet the treasure of my heart.
He will go back with his errand done,
leaving a dark shadow on my morning;
and in my desolate home only my forlorn self
will remain as my last offering to thee.

86

आज तुमने मेरे द्वार
मृत्यु के दूत को भेजा,
तुम्हारे आह्वान को वहन करता हुआ
वह इस पार आ पहुँचा।

आज घनी अँधेरी रात है,
मेरा हृदय भय के भार से आतुर है,
तो भी हाथों में दीप ले, द्वार खोल
मैं उसको नमन करूँगा।
आज तुमने मेरे द्वार
मृत्यु के दूत को भेजा।

हाथ जोड़ कर आकुल नयन-जल से
उसकी पूजा करूँगा;
अपने प्राणों का धन उसके चरणों में सौंप कर
उसकी पूजा करूँगा।

तुम्हारे आदेश का पालन कर के
मेरे प्रभात में अँधेरा फैला कर वह लौट जायेगा,
मैं शून्य भवन में बैठ कर
तुम्हारे चरणों में अपने को अर्पित कर दूँगा।
आज तुमने मेरे द्वार
मृत्यु के दूत को भेजा।

87

आमार घरेते आर नाइ से जे नाइ—
जाइ आर फिरे आसि, खुँजिया ना पाइ।
आमार घरेते, नाथ, एइटुकु स्थान
सेथा हते जा हाराय मेले ना सन्धान।
अनन्त तोमार गृह, विश्वमय धाम—
हे नाथ, खुँजिते तारे सेथा आसिलाम।
दाँड़ालेम तव सन्ध्यागगनेर तले,
चाहिलाम तोमा-पाने नयनेर जले।
कोनो मुख कोनो सुख, आशातृषा कोनो
जेथा हते हाराइते पारे ना कखनो,
सेथाय एनेछि मोर पीड़ित ए हिया—
दाओ तारे, दाओ तारे, दाओ डुबाइया।
घरे मोर नाहि आर जे अमृतरस
विश्व-माझे पाइ सेइ हारानो परश।

In desperate hope I go and search for her
in all the corners of my room; I find her not.
My house is small and what once has gone
from it can never be regained.
But infinite is thy mansion, my lord,
and seeking her I have come to thy door.
I stand under the golden canopy of thine evening sky
and I lift my eager eyes to thy face.
I have come to the brink of eternity
from which nothing can vanish—
no hope, no happiness, no vision
of a face seen through tears.
Oh, dip my emptied life into that ocean,
plunge it into the deepest fullness.
Let me for once feel that lost sweet touch
in the allness of the universe.

87

मेरे घर में अब तो वह नहीं है, नहीं है—
जाता हूँ और लौट आता हूँ, उसे देख नहीं पाता।
हे नाथ, मेरे घर में तो बहुत थोड़ा स्थान है—
वहाँ से कुछ खो जाने पर उसका पता नहीं मिलता।
तुम्हारा गृह तो अनन्त है, विश्वमय तुम्हारा धाम है
हे नाथ, उसे ढूँढ़ने मैं वहीं आया हूँ।
तुम्हारे सान्ध्य-गगन के नीचे आ कर खड़ा हुआ हूँ,
अश्रुपूरित नयनों से तुम्हारी ओर देख रहा हूँ।
कोई चेहरा, कोई सुख, कोई भी आशा-तृष्णा
जहाँ से कभी भी नहीं खो सकती,
वहीं मैं अपना यह पीड़ित हृदय ले आया हूँ—
इसे तुम डुबा दो, डुबा दो।
मेरे घर में जो अमृतरस नहीं है,
वह खोया हुआ स्पर्श अब मुझे विश्व में मिले।

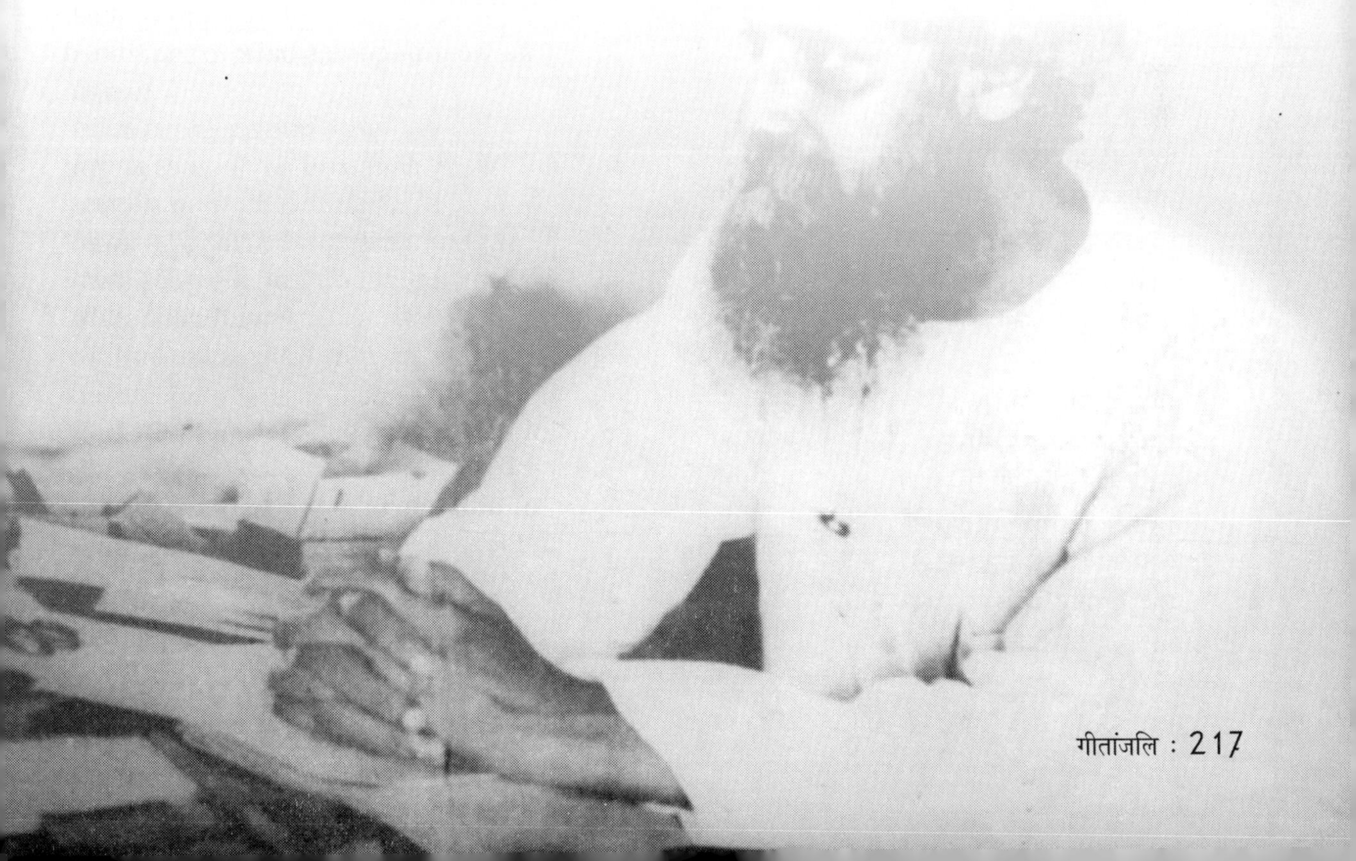

৪৪

भाङा देउलेर देवता!
तव वन्दना रचिते, छिन्ना
वीणार तन्त्री विरता।
सन्ध्यागगने घोषे ना शंख
तोमार आरति-बारता।
तव मन्दिर स्थिरगम्भीर
भाङा देउलेर देवता!

तव जनहीन भवने
थेके थेके आसे व्याकुल गन्ध
नववसन्त पवने।
जे फुले रचे नि पूजार अर्घ्य,
राखे नि ओ राङा चरणे,
से फुल फोटार आसे समाचार
जनहीन भाङा भवने।

पूजाहीन तव पूजारि
कोथा सारादिन फिरे उदासीन
कार प्रसादेर भिखारि!
गोधूलिवेलाय वनेर छायाय
चिर-उपवास-भुखारि
भाङा मन्दिर आसे फिरे फिरे
पूजाहीन तव पूजारि।

भाङा देउलेर देवता!
कतो उत्सवे हइलो नीरव,
कतो पूजानिशा विगता!
कतो विजयाय नवीन प्रतिमा
कतो जाय कतो कबो ता—
शुधु चिरदिन थाके सेवाहीन
भाङा देउलेर देवता।

Deity of the ruined temple! The broken string of *Vina*
sing no more your praise. The bells in the evening
proclaim not your time of worship.
The air is still and silent about you.
In your desolate dwelling comes
the vagrant spring breeze.
It brings the tidings of flowers—the flowers that
for your worship are offered no more.
Your worshipper of old wanders ever longing
for favour still refused. In the eventide,
when fires and shadows mingle with the gloom of dust,
he wearily comes back to the ruined temple
with hunger in his heart.
Many a festival day comes to you in silence,
deity of the ruined temple.
Many a night of worship goes away with lamp unlit.
Many new images are built by masters
of cunning art and carried to the holy stream
of oblivion when their time is come.
Only the deity of the ruined temple remains
unworshipped in deathless neglect.

88

भग्न देवालय के देवता!
छिन्न वीणा के तारों पर
अब तुम्हारी वन्दना की रचना नहीं होती।
सान्ध्य-गगन में शंखघोष द्वारा
तुम्हारी आरती नहीं होती।
तुम्हारा मन्दिर स्थिर गम्भीर है
हे भग्न देवालय के देवता!

तुम्हारे निर्जन भवन में
नव वसन्त-पवन द्वारा
रह-रह कर व्याकुल गन्ध आती है।
जो फूल तुम्हारी पूजा का अर्घ्य नहीं बने,
जिन्हें तुम्हारे रंजित चरणों पर नहीं रखा गया,
उन्हीं फूलों के खिलने का समाचार
तुम्हारे निर्जन भग्न भवन में आता है।

पूजाहीन तुम्हारा पुजारी
उदासीन हो दिनभर कहाँ फिरता रहता है,
वह किसके प्रसाद का भिखारी है!
गोधूलि वेला में वन की छाया में
चिर उपवास किए वह भूखा—
पूजाहीन तुम्हारा पुजारी
भग्न मन्दिर में लौट आता है।

भग्न देवालय के देवता!
उत्सव के कितने दिन चुपचाप चले गये,
पूजा की कितनी रातें बीत गयीं!
कितने विजया (दशमी) के दिन नयी-नयी प्रतिमाएँ
विसर्जित की गयीं,
किन्तु चिर दिन सेवाहीन रहता है
भग्न देवालय का देवता।

89

कोलाहल तो बारण हलो
एबार कथा काने काने।
एखन हबे प्राणेर आलाप
केवलमात्र गाने-गाने।
राजार पथे लोक छुटेछे,
बेचाकेनार हाँक उठेछे,
आमार छुटि अवेलातेइ
दिनदुपुरेर मध्यखाने—
काजेर माझे डाक पड़ेछे
केनो जे ता केइ वा जाने।

मोर कानने अकालेर फुल
उठुक तबे मुञ्जरिया।
मध्यदिने मौमाछिरा
बेड़ाक मृदु गुञ्जरिया।
मन्द-भालोर द्वन्द्वे खेटे
गेछे तो दिन अनेक केटे,
अलस-वेलार खेलार साथि
एबार आमार हृदय टाने।
बिना-काजेर डाक पड़ेछे
केनो जे ता केइ वा जाने।

No more noisy, loud words from
me—
such is my master's will. Henceforth I
deal in whispers.
The speech of my heart will be
carried on in murmurings of a song.
Men hasten to the King's market.
All the buyers and sellers are there.
But
I have my untimely leave in the
middle of the day,
in the thick of work.
Let then the flowers come out in
my garden,
though it is not their time; and let
the midday bees strike up their lazy
hum.
Full many an hour have I spent
in the strife of the good and the evil,
but now it is the pleasure of my
playmate of the empty days
to draw my heart on to him; and I
know not
why is this sudden call
to what useless inconsequence!

89

अब कोलाहल वर्जित है
अब तो केवल कानों-कानों ही बातें होंगी।
अब प्राणों का वार्तालाप
केवल गान-गान में होगा।
राजपथ पर लोग दौड़ रहे हैं,
क्रय-विक्रय की धूम मची है,
असमय ही भरी दुपहरी में
मुझे छुट्टी मिल गयी,
काम की व्यस्तता में ही न जाने क्यों
मुझे बुलावा आ गया है।

मेरे कानन में असमय ही
फूल खिल जाय।
मधुमक्खियाँ दोपहर को
वहाँ मृदु गुंजार करने लगें।
भले-बुरे के द्वन्द्व में पड़ कर
मेरा बहुत सारा समय बीत गया,
अलस वेला में खेल का साथी
अब मेरे हृदय को खींच रहा है।
बिना काम के ही न जाने क्यों
मुझे बुलावा आ गया है।

९०

मरण जेदिन दिनेर शेषे
आसबे तोमार दुयारे
सेदिन तुमि की दिबे उहारे।
भरा आमार परानखानि
सम्मुखे तार दिबो आनि,
शून्य विदाय करबो ना तो उहारे—
मरण जेदिन आसबे आमार दुयारे।

कतो शरत्-वसन्त-रात,
कतो सन्ध्या, कतो प्रभात
जीवनपात्रे कतो जे रस बरषे—
कतोइ फले कतोइ फुले
हृदय आमार भरि तुले
दुःखसुखेर आलोछायार परशे।

जा-किछु मोर सञ्चित धन
एतोदिनेर सब आयोजन
चरम दिने साजिये दिबो उहारे—
मरण जेदिन आसबे आमार दुयारे।

On the day when death will knock at thy door
what wilt thou offer to him?
Oh, I will set before my guest
the full vessel of my life—
I will never let him go with empty hands.
All the sweet vintage of all my autumn days
and summer nights, all the earnings and gleanings
of my busy life will I place before him
at the close of my days
when death will knock at my door.

१०

मरण जिसदिन दिन के अन्त में
तुम्हारे द्वार आयेगा,
उस दिन तुम उसे कौन-सा धन दोगे?
अपना भरा हुआ प्राण
उसके सामने रख दूँगा,
उसे खाली विदा नहीं करूँगा–
मरण जिसदिन मेरे द्वार आयेगा।

कितने शरत्-वसन्त की रात,
कितनी सन्ध्या, कितने प्रभात
जीवनपात्र में जाने कितना रस बरसता है–
कितने फल, कितने फूलों को
अपने हृदय में भर लेता हूँ–
सुख-दुःख के आलोक और छाया के स्पर्श से।

अपना सारा संचित धन,
इतने दिनों का सारा आयोजन
चरम दिन आने पर उसे सजा कर दूँगा–
मरण जिसदिन मेरे द्वार आयेगा।

91

ओगो आमार एइ जीवनेर
शेष परिपूर्णता
मरण, आमार मरण तुमि
कओ आमारे कथा।
सारा जनम तोमार लागि
प्रतिदिन जे आछि जागि,
तोमार तरे बहे बेड़ाइ
दुःखसुखेर व्यथा।
मरण, आमार मरण, तुमि
कओ आमारे कथा।

जा पेयेछि, जा हयेछि,
जा-किछु मोर आशा,
ना जेने धाय तोमार पाने
सकल भालोबासा।
मिलन हबे तोमार साथे,
एकटि शुभ दृष्टिपाते,
जीवनवधू हबे तोमार
नित्य-अनुगता।
मरण, आमार मरण, तुमि
कओ आमारे कथा।

बरणमाला गाँथा आछे
आमार चित्तमाझे,
कबे नीरव हास्यमुखे
आसबे बरेर साजे।
सेदिन आमार रबे ना घर,
केइ-वा आपन केइ-वा अपर,
विजन राते पतिर साथे
मिलबे पतिव्रता।
मरण, आमार मरण, तुमि
कओ आमारे कथा।

O thou the last fulfilment of life,
death, my death,
come and whisper to me!
Day after day have I kept watch
for thee;
for thee have I borne the joys and
pangs of life.
All that I am, that I have, that I
hope and all my love
have ever flowed towards thee in
depth of secrecy.
One final glance from thine eyes and
my life
will be ever thine own.
The flowers have been woven and
the garland is ready for the
bridegroom.
After the wedding the bride shall
leave her home
and meet her lord
alone in the solitude of night.

91

हे मेरे जीवन की
शेष परिपूर्णता
मरण, मेरे मरण!
मुझसे बातें करो।
जीवन भर तुम्हारे लिए
मैं प्रतिदिन जगता रहता हूँ,
अपने दुख-सुख की व्यथा को
तुम्हारे लिए ही ढोता फिरता हूँ।
मरण, मेरे मरण!
मुझसे बातें करो।

जो कुछ पाया है, जो कुछ हुआ हूँ,
जो भी मेरी आशाएँ हैं,
तथा मेरा समस्त प्रेम—
अनजाने ही तुम्हारी ओर दौड़ रहे हैं।
एक शुभ दृष्टिपात द्वारा
तुमसे मिलना होगा,
यह जीवनवधू
तुम्हारी नित्य-अनुगता होगी।
मरण, मेरे मरण!
मुझसे बातें करो।

मेरे चित्त में
वरमाला गुँथी हुई है,
तुम वर के वेश में
नीरव हास्यमुख से कब आओगे?
उस दिन मेरा अपना कोई घर नहीं होगा,
मेरे लिए कोई भी अपना और पराया नहीं रहेगा,
निर्जन रात में पति से
पतिव्रता का मिलन होगा।
मरण, मेरे मरण!
मुझसे बातें करो।

92

एकदिन एइ देखा हये जाबे शेष,
पड़िबे नयन-परे अन्तिम निमेष।
परदिने एइमतो पोहाइबे रात,
जाग्रत जगत्-परे जागिबे प्रभात।
कलरबे चलिबेक संसारेर खेला,
सुख दुःख घरे-घरे बहि जाबे वेला।
से-कथा स्मरण करि निखिलेर पाने
आमि आजि चेये आछि उत्सुक नयाने।
जाहा किछु हेरि चोखे किछु तुच्छ नय;
सकलि दुर्लभ बले आजि मने हय।
दुर्लभ ए धरणीर लेशतम स्थान
दुर्लभ ए जगतेर व्यर्थतार प्राण।
जा पाइ नि ताओ थाक्, जा पेयेछि ताओ–
तुच्छ बले जा चाइ नि ताइ मोरे दाओ।

I know that the day will come when
my sight of this earth shall be lost,
and life
will take its leave in silence,
drawing the last curtain over my eyes.
Yet stars will watch at night and
morning rise as before
and hours heave like sea waves
casting up pleasures and pains.
When I think of this end of my
moments,
the barrier of the moment breaks and
I see
by the light of death
thy world with its careless treasures.
Rare is its lowliest seat, rare is its
meanest of lives.
Things that I longed for in vain
and things that I got— let them pass.
Let me but truly possess the things
that I ever spurned and overlooked.

92

एक दिन यह सब कुछ देखना समाप्त हो जायेगा,
आँखों को अन्तिम बार पलकें ढक लेंगी।
इस प्रकार रात बीत जायेगी,
दूसरे दिन जगत् में पूर्ववत् प्रभात होगा।
संसार का कोलाहलपूर्ण खेल चलता रहेगा,
घर-घर में सुख-दुःखमय जीवन बीतेगा।
इस बात का स्मरण कर आज मैं
संसार की ओर उत्सुक नयनों से देख रहा हूँ।
आज जो कुछ भी देखता हूँ वह तुच्छ नहीं है;
आज तो सब कुछ दुर्लभ प्रतीत होता है।
इस धरती का लेशतम स्थान भी मूल्यवान है,
इस जगत् का व्यर्थतम प्राण भी मूल्यवान है।
जो पाया और जो नहीं पाया उन सबको भूल कर—
अब मुझे वही दो जिसकी मैंने तुच्छ समझ कर उपेक्षा की।

93

पेयेछि छुटि, बिदाय देहो, भाइ,
सबारे आमि प्रणाम करे जाइ।
फिराये दिनु द्वारेर चाबि,
राखि ना आर घरेर दाबि,
सबार आजि प्रसादवाणी चाइ–
सबारे आमि प्रणाम करे जाइ।

अनेक दिन छिलाम प्रतिवेशी,
दियेछि जतो नियेछि तार बेशि।
प्रभात हये एसेछे राति,
निबिया गेलो कोनेर बाति,
पड़ेछे डाक चलेछि आमि ताइ–
सबारे आमि प्रणाम करे जाइ।

I have got my leave.
Bid me farewell, my brothers!
I bow to you all and take my
departure.
Here 1 give back the keys of my
door—
and 1 give up all claims to my house.
I only ask for last kind words from
you.
We were neighbours for long,
but I received more than I could give.
Now the day has dawned and the
lamp
that lit my dark corner is out.
A summons has come
and I am ready for my journey.

93

छुट्टी मिल गयी, भाइयों, अब विदा करो,
मैं सबको प्रणाम कर के चलूँ।
मैंने द्वार की चाभी लौटा दी,
घर पर मेरा अब कोई दावा न रहा,
आज सबका आशीर्वाद चाहिए—
मैं सबको प्रणाम कर के चलूँ।

बहुत दिनों तक मैं आप सबका पड़ोसी था,
मैंने जितना दिया उससे कहीं अधिक लिया है।
दिन बीता, रात हो चली,
अब तो कोने में रखा दीप भी बुझ गया,
मेरी पुकार हुई है, इसलिए मैं निकल पड़ा—
मैं सबको प्रणाम कर के चलूँ।

94

एबार तोरा आमार जाबार वेलाते
सबाइ जयध्वनि कर्।
भोरेर आकाश राङा हलो रे,
आमार पथ हलो सुन्दर।
की निये वा जाबो सेथा
ओगो तोरा भाबिस ने ता,
शून्य हातेइ चलबो, बहिया
आमार व्याकुल अन्तर।

माला परे जाबो मिलन-वेशे,
आमार पथिक-सज्जा नय।
बाधा विपद आछे माझेर देशे,
मने राखि ने सेइ भय।
यात्रा जखन हबे सारा
उठबे ज्वले सन्ध्यातारा,
पूरबीते करुण बाँशरि
द्वारे बाजबे मधुर स्वर।

At this time of my parting,
wish me good luck, my friends!
The sky is flushed with the dawn and
my path lies beautiful.
Ask not what I have with me to
take there.
I start on my journey with empty
hands
and expectant heart.
I shall put on my wedding garland.
Mine is not the red-brown dress of the
traveller,
and though there are dangers on the
way
I have no fear in my mind.
The evening star will come out
when my voyage is done
and the plaintive notes of the twilight
melodies
be struck up from the King's gateway.

94

अब मेरे जाने की वेला में
तुम सब मिल कर जयध्वनि करो।
भोर के आकाश में लालिमा छा गयी,
मेरा पथ सुन्दर हो गया।
मैं वहाँ क्या ले कर जाऊँगा
इसकी चिन्ता तुम लोग न करो,
मैं वहाँ खाली हाथ ही जाऊँगा,
साथ में मेरा व्याकुल अन्तर रहेगा।

मैं माला पहन कर मिलन-वेश में निकलूँगा,
मेरा पथिक-साज नहीं होगा।
पथ में बाधा और विपत्ति है,
मेरे मन में इनका भय नहीं है।
मेरी यात्रा जब पूरी हो जायेगी,
तब सान्ध्य-तारा चमक उठेगा,
पूरबी राग में करुण बाँसुरी
द्वार पर मधुर स्वर से बजने लगेगी।

95

(1)

जीवनेर सिंहद्वारे पशिनु जे क्षणे
ए आश्चर्य संसारेर महानिकेतने
से क्षण अज्ञात मोर। कोन् शक्ति मोरे
फुटाइलो ए विपुल रहस्येर क्रोड़े
अर्धरात्रे महारण्ये मुकुलेर मतो।

तबु तो प्रभाते शिर करिया उन्नत
जखनि नयन मेलि निरखिनु धरा
कनककिरण-गाँथा नीलाम्बर-परा,
निरखिनु सुखे-दुःखे-खचित संसार,
तखनि अज्ञात एइ रहस्य अपार
निमेषेइ मने हलो मातृवक्षसम
नितान्तइ परिचित, एकान्तइ मम।

रूपहीन ज्ञानातीत भीषण शकति
धरेछे आमार काछे जननीमुरति।

(2)

मृत्युओ अज्ञात मोर। आजि तार तरे
क्षणे क्षणे शिहरिया काँपितेछि डरे।
संसारे विदाय दिते, आँखि छलछलि
जीवन आँकड़ि धरि आपनार बलि
दुइ भुजे।

I was not aware of the moment when
I first crossed the threshold of this life.
What was the power that made me open
out into this vast mystery
like a bud in the forest at midnight!
When in the morning I looked upon the light
I felt in a moment that I was no stranger in this world,
that the inscrutable without name and form
had taken me in its arms
in the form of my own mother.

95

(1)

जीवन के सिंहद्वार से हो कर किस क्षण मैंने
इस आश्चर्यजनक संसार के महानिकेतन में प्रवेश किया,
इसका मुझे पता नहीं है।
किस शक्ति ने मुझे विपुल रहस्य के क्रोड़ में
अर्धरात्रि के महारण्य में मुकुल-सा प्रस्फुटित कर दिया?

तो भी जब प्रभात काल में मैंने सिर उठा कर,
आँखें खोल कर धरा को देखा,
कनक-किरण से गूँथे, नीलाम्बर परिहित,
सुख-दुःख से खचित इस संसार को देखा,
तब यह अज्ञात, अपार रहस्य
निमेष मात्र में मातृवक्ष के समान
नितान्त परिचित, एकान्त अपना प्रतीत होने लगा।

रूपहीन, ज्ञानातीत भीषण शक्ति
मेरे सम्मुख जननीमूर्ति के रूप में अवतरित हुई।

(2)

मृत्यु भी मेरे लिए अज्ञात है।
आज उससे डर कर हर पल काँप रहा हूँ।
संसार से विदा होने में आँखें छलछला रही हैं,
जीवन को अपना समझ कर
दोनों भुजाओं में जकड़ लेता हूँ।

ओरे मूढ़, जीवन संसार
के करिया रेखेछिलो एत आपनार
जनममुहूर्त हते तोमार अज्ञाते,
तोमार इच्छार पूर्वे। मृत्युर प्रभाते
सेइ अचेनार मुख हेरिबि आबार
मुहूर्ते चेनार मतो। जीवन आमार
एतो भालोबासिबले हयेछे प्रत्यय–
मृत्युरे एमनि भालो बासिबो निश्चय।

स्तन हते तुले निले काँदे शिशु डरे,
मुहूर्ते आश्वास पाय गिये स्तनान्तरे।

Even so, in death the same
unknown will appear
as ever known to me. And because I
love this life,
I know I shall love death as well.
The child cries out when
from the right breast the mother takes
it away,
in the very next moment to find
in the left one its consolation.

अरे मूढ़, तुम्हारे जन्म के समय से ही
तुम्हारे जाने बिना, तुम्हारी इच्छा के पूर्व ही
इस जीवन-संसार को इतने सुन्दर रूप में
किसने प्रस्तुत कर रखा था!
मृत्यु के प्रभात काल में उस अपरिचित मुख को
पल भर में परिचित के रूप में पुनः देखोगे।
जीवन को इतना प्यार करता हूँ, इसलिए विश्वास है
मृत्यु को भी निश्चय ही ऐसे ही प्यार करूँगा।

माँ के एक स्तन से विलग हो शिशु डर से रोने लगता है,
किन्तु पुनः दूसरा पाते ही वह पल भर में आश्वस्त हो जाता है।

৭৬

জাবার দিনে এই কথাটি
বলে জেনো জাই—
জা দেখেছি জা পেয়েছি
তুলনা তার নাই।
এই জ্যোতিঃসমুদ্রমাঝে
জে শতদল পদ্ম রাজে
তারই মধু পান করেছি,
ধন্য আমি তাই—
জাবার দিনে এই কথাটি
জানিয়ে জেনো জাই।

বিশ্বরূপের খেলাঘরে
কতোই গেলেম খেলে,
অপরূপকে দেখে গেলেম
দুটি নয়ন মেলে।
পরশ জাঁরে জায় না করা
সকল দেহে দিলেন ধরা,
এইখানে শেষ করেন যদি
শেষ করে দিন তাই—
জাবার বেলা এই কথাটি
জানিয়ে জেনো জাই।

When I go from hence let this be my
parting word,
that what I have seen is
unsurpassable.
I have tasted of the hidden honey
of this lotus
that expands on the ocean of light,
and thus
am I blessed—let this be my parting
word.
In this playhouse of infinite forms
I have had my play and here
have I caught sight of him that is
formless.
My whole body and my limbs
have thrilled
with his touch who is beyond touch;
and if the end comes here, let it
come—
let this be my parting word.

जाने के दिन
मैं यह बात कह जाऊँ
मैंने जो भी देखा, जो भी पाया
वह अतुलनीय है।
इस ज्योति के समुद्र में
जो शतदल पद्म शोभित है
मैंने उसी के मधु का पान किया है,
इसलिए मैं धन्य हो गया—
जाने के दिन
मैं यह बात बता जाऊँ।

विश्वरूप के क्रीड़ागृह में
मैंने कितना खेल किया,
अपरूप को मैंने
दोनों आँखों से भरपूर देखा।
जिनका स्पर्श तक नहीं किया जा सकता
वे समस्त देह में व्याप्त हो गये।
यदि उनकी इच्छा यहीं अन्त करने की हो
तो यहीं अन्त कर दें—
जाने के दिन
मैं यह बात बता जाऊँ।

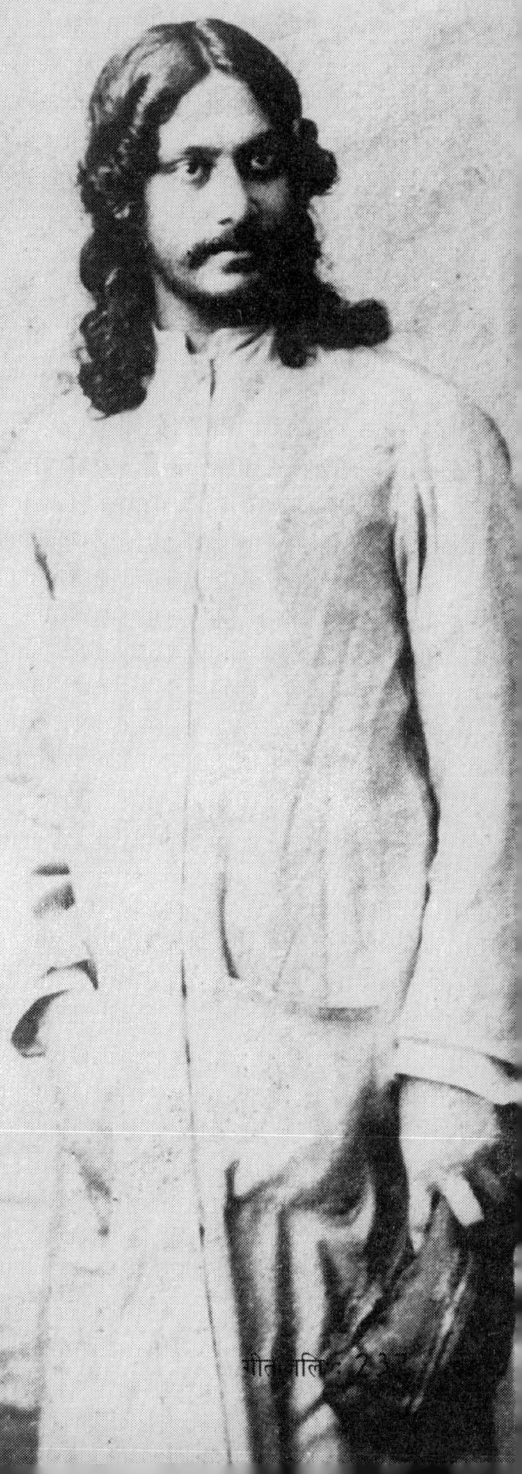

97

आमार खेला जखन छिलो तोमार सने
तखन के तुमि ता के जानतो।
तखन छिलो ना भय, छिलो ना लाज मने,
जीवन बहे जेतो अशान्त।
तुमि भोरेर वेला डाक दियेछो कतो
जेनो आमार आपन सखार मतो,
हेसे तोमार साथे फिरेछिलेम छुटे
सेदिन कतो-ना वन-वनान्त।

ओगो, सेदिन तुमि गाहिते जे-सब गान
कोनो अर्थ ताहार के जानतो।
शुधु संगे तारइ गाइतो आमार प्राण,
सदा नाचतो हृदय अशान्त।
हठात् खेलार शेषे आज की देखि छवि–
स्तब्ध आकाश, नीरव शशी रवि,
तोमार चरणपाने नयन करि नत
भुवन दाँड़िये आछे एकान्त।

When my play was with thee
I never questioned who thou wert.
I knew nor shyness nor fear, my life
was boisterous.
In the early morning thou wouldst
call me from my sleep
like my own comrade and lead me
running
from glade to glade.
On those days I never cared to
know
the meaning of songs thou sangest to
me.
Only my voice took up the tunes,
and my heart danced in their cadence.
Now, when the playtime is over,
what is this sudden sight that is come
upon me?
The world with eyes bent upon thy
feet
stands in awe with all its silent stars.

97

जब तुम्हारे साथ मेरा खेल हुआ करता था
तब कौन जानता था कि तुम कौन हो!
तब कोई भय नहीं था, मन में लाज नहीं थी,
जीवन गति से बहता जाता था।
तुमने प्रातःकाल मुझे कितनी बार पुकारा
मानो मेरे अपने सखा हो,
हँस कर मैं भी तुम्हारे साथ दौड़ पड़ा था–
उस दिन कितने ही वन-प्रान्तर में।

उन दिनों तुम जो गीत गाते थे
उनका कोई अर्थ कौन जानता था!
केवल उनके साथ मेरे प्राण गाते थे,
मेरा हृदय अशान्त हो कर नाचता था।
अचानक खेल के अन्त में मैं यह क्या देखता हूँ–
आकाश स्तब्ध है, शशि-रवि नीरव हैं,
तुम्हारे चरणों में नयन नत कर
यह भुवन विनत हो खड़ा है।

98

हार-माना हार पराबो तोमार गले।
दूरे रबो कतो आपन बलेर छले।
जानि आमि जानि, भेसे जाबे अभिमान,
निविड़ व्यथाय फाटिया पड़िबे प्राण,
शून्य हियार बाँशिते बाजिबे गान,
पाषाण तखन गलिबे नयनजले।

शतदल-दल खुले जाबे थरे थरे
लुकानो रबे ना मधु चिरदिनतरे।
आकाश जुड़िया चाहिबे काहार आँखि,
घरेर बाहिरे नीरवे लइबे डाकि,
किछुइ सेदिन किछुइ रबे ना बाकि
परम मरण लभिबो चरणतले।

I will deck thee with trophies,
garlands of my defeat.
It is never in my power to escape
unconquered.
I surely know my pride will go to
the wall,
my life will burst its bonds in
exceeding pain,
and my empty heart will sob out in
music like a hollow reed,
and the stone will melt in tears.
I surely know the hundred petals
of a lotus
will not remain closed for ever
and the secret recess of its honey will
be bared.
From the blue sky an eye shall
gaze upon me
and summon me in silence. Nothing
will be left for me,
nothing whatever, and utter death
shall I receive at thy feet.

98

अपनी हार मान कर तुम्हारे गले में हार पहनाऊँगा।
अपने बल के छल से तुमसे कब तक दूर रहूँगा!
जानता हूँ मेरा अभिमान गल जायेगा,
निविड़ व्यथा से प्राण फट जायेगा,
सूने हृदय की वंशी से गीत फूट पड़ेंगे,
तब नयन-जल से पाषाण पिघल जायेगा।

शतदल के दल एक-एक कर खुल जायेंगे
चिर काल के लिए मधु छिपा नहीं रहेगा।
समस्त आकाश को भर कर किसकी आँखें मुझे निहारेंगी,
चुपचाप मुझे घर के बाहर बुला लेंगी,
उस दिन तो कुछ भी बाकी नहीं रहेगा
तुम्हारे चरणतल में परम मृत्यु को प्राप्त करूँगा।

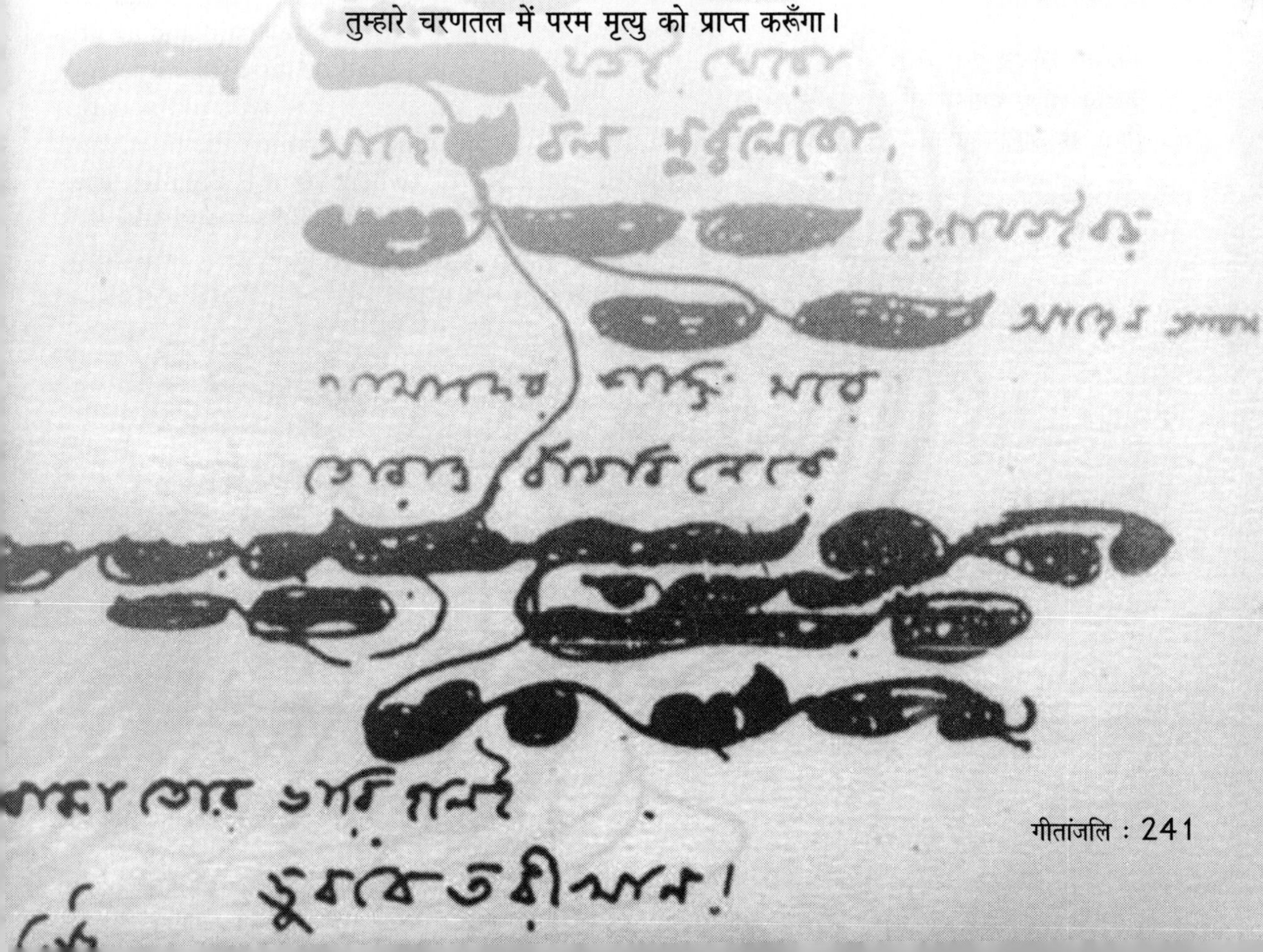

९९

आमि हाल छाड़ले तबे
तुमि हाल धरबे जानि।
जा हबार आपनि हबे,
मिछे एइ टानाटानि।
छेड़े दे दे गो छेड़े,
नीरवे जा तुइ हेरे,
जेखाने आछिस बोसे
बोसे थाक् भाग्य मानि।

आमार एइ आलोगुलि
नेबे आर ज्वालिये तुलि,
केवलितारि पिछे
ता नियेइ थाकि भुलि।
एबार एइ आँधारेते
रहिलाम आँचल पेते,
जखनि खुशि तोमार
नियो सेइ आसनखानि।

When I give up the helm I know that
the time has come for thee to take it.
What there is to do will be instantly
done.
Vain is this struggle.
Then take away your hands and
silently put up with your defeat, my
heart,
and think it your good fortune to sit
perfectly still
where you are placed.
These my lamps are blown out at
every little puff of wind,
and trying to light them I forget all
else again and again.
But I shall be wise this time and
wait in the dark,
spreading my mat on the floor, and
whenever it is thy pleasure,
my lord, come silently and take thy
seat here.

९९

जब मैं पतवार छोड़ दूँगा
तो तुम उसे थाम लोगे यह मैं जानता हूँ।
जो होना होगा वह अपने आप होगा,
यह खींच-तान व्यर्थ है।
छोड़ दे रे, छोड़ दे,
चुपचाप हार मान ले,
जहाँ बैठा हुआ है
अपना भाग्य मान कर वहीं बैठे रह।

मेरे ये दीपक बुझ जाते हैं
और मैं बार-बार उन्हें जलाता हूँ,
इसी काम में मगन रहता हूँ,
बाकी सब कुछ भूल जाता हूँ।
अब इस अँधेरे में
मैं आसन बिछाये हुए हूँ,
जब भी तुम्हारी इच्छा हो
आकर स्थान ग्रहण करना।

100

रूप-सागरे डुब दियेछि
अरूप-रतन आशा करि;
घाटे घाटे घुरबो ना आर
भासिये आमार जीर्ण तरी।
समय जेनो हय रे एबार
ढेउ-खावा सब चुकिये देबार,
सुधाय एबार तलिये गिये
अमर हये रबो मरि।

जे गान काने जाय ना शोना
से गान जेथाय नित्य बाजे,
प्राणेर वीणा निये जाबो
सेइ अतलेर सभा-माझे।
चिरदिनेर सुरटि बेंधे
शेष गाने तार कान्ना केंदे
नीरव जिनि ताँहार पाये
नीरव बीणा दिबो धरि।

I dive down into the depth of the
ocean of forms,
hoping to gain the perfect pearl of the
formless.
No more sailing from harbour to
harbour
with this my weather-beaten boat.
The days are long past when
my sport was to be tossed on waves.
And now I am eager to die into the
deathless.
Into the audience hall by the
fathomless abyss where
swells up the music of toneless
strings
I shall take this harp of my life.
I shall tune it to the notes of for
ever, and,
when it has sobbed out its last
utterance,
lay down my silent harp at the feet of
the silent.

100

रूप के सागर में मैंने डुबकी लगायी है,
अरूप-रतन की आस ले कर;
अब अपनी जर्जर नौका खे कर
व्यर्थ ही घाट-घाट पर नहीं फिरूँगा।
अब वह समय आ जाय जिससे
बार-बार लहरों से टकराना नहीं होगा,
अब सुधा की गहराई में उतर कर
मर कर अमर हो जाऊँगा।

कानों को न सुनाई पड़ने वाला गान
जहाँ नित्य बजता है,
उसी अतल सभा में
मैं प्राणों की वीणा को ले जाऊँगा।
चिरदिन का सुर बाँध कर
अन्तिम गान में उसका क्रन्दन भर कर
जो नीरव हैं उनके चरणों में
नीरव वीणा को रख दूँगा।

101

गान दिये जे तोमाय खुँजि
बाहिर-मने
चिरदिवस मोर जीवने।
निये गेछे गान आमारे
घरे घरे द्वारे द्वारे,
गान दिये हात बुलिये बेड़ाइ
एइ भुवने।

कतो शेखा सेइ शेखालो,
कतो गोपन पथ देखालो,
चिनिये दिलो कतो तारा
हृद्‌गगने।

विचित्र सुख-दुखेर देशे
रहस्यलोक घुरिये शेषे
सन्ध्यावेलाय निये एलो
कोन् भवने।

Ever in my life have I sought thee
with my songs.
It was they who led me from door to
door,
and with them have I felt about me,
searching and
touching my world.
It was my songs that taught me all
the lessons I ever learnt;
they showed me secret paths, they
brought before my sight
many a star on the horizon of my
heart.
They guided me all the day long to
the mysteries of the
country of pleasure, and pain, and, at
last,
to what palace gate have they brought
me
in the evening at the end of
my journey?

101

गीतों द्वारा तुम्हें खोजता हूँ
बाहर, मन में,
चिर दिन अपने जीवन में।
ये गीत मुझे घर-घर द्वार-द्वार
ले गये हैं,
गीतों द्वारा मैं इस भुवन को
सहलाता फिरता हूँ।

इन गीतों ने मुझे कितना सिखाया है,
कितने गोपन पथ दिखाये हैं,
हृदय-गगन में कितने तारों से
परिचित कराया है।

सुख-दुख के विचित्र देश के
रहस्यलोक में मुझे घुमा कर,
सन्ध्या-वेला ये मुझे ले आये
न जाने किस भवन में!

102

तोमाय चिनि बले आमि करेछि गरब
लोकेर माझे;
मोर आँका पटे देखेछे तोमाय
अनेक अनेक साजे।
कतो जने एसे मोरे डेके कय
'के गो से', शुधाय तव परिचय
'के गो से'—
तखन की कइ, नाहि आसे वाणी,
आमि शुधु बलि, 'की जानि की जानि'।
तुमि शुने हासो, तारा दुषे मोरे
की दोषे!

तोमार अनेक काहिनी गाहियाछि आमि
अनेक गाने।
गोपन बारता लुकाये राखिते
पारि नि आपन प्राणे।
कतो जन मोरे डाकिया कयेछे,
'जा गाहिछो तार अर्थ रयेछे
किछु कि?'
तखन की कइ नाहि आसे वाणी,
आमि शुधु बलि 'अर्थ की जानि'।
तारा हेसे जाय, तुमि हासो बसे
मुचुकि।

I boasted among men that I had
known you.
They see your pictures in all works of
mine.
They come and ask me, "Who is he?"
I know not how to answer them. I say,
"Indeed, I cannot tell." They blame
me
and they go away in scorn. And you
sit there smiling.
I put my tales of you into lasting
songs.

102

तुम्हें पहचानता हूँ—इस बात का सबके बीच
मुझे गर्व रहा है;
मेरे अंकित चित्रपट पर उन्होंने तुम्हारे
विभिन्न रूप देखे हैं।
कितने लोग मुझे बुला कर कहते हैं,
'वह कौन है', तुम्हारा परिचय पूछते हैं
'वह कौन है'—
मैं क्या कहूँ, शब्द नहीं मिलते,
मैं केवल कहता हूँ 'नहीं जानता, नहीं जानता'।
तुम सुन कर हँसते हो, वे न जाने मुझे किस दोष का
दोषी ठहराते हैं!

तुम्हारी बहुत सी बातों को मैंने अपने गीतों में
गाया है।
तुम्हारी गोपन वार्ता को मैं अपने प्राणों में
छिपा कर न रख सका।
कितने लोग मुझे बुला कर कहते हैं,
'जो गा रहे हो उसका
क्या कोई अर्थ है?'
तब मैं क्या कहूँ, शब्द नहीं मिलते,
मैं केवल कहता हूँ 'अर्थ नहीं जानता'।
वे हँस कर चले जाते हैं,
तुम बैठ कर मुस्कराते रहते हो।

तोमाय जानि ना, चिनि ना, एकथा बलो तो
केमने बलि!
खने खने तुमि उँकि मारि चाओ,
खने खने जाओ छलि।
ज्योत्सनानिशीथे, पूर्णशशीते,
देखेछि तोमार घोमटा खसिते–
आँखिर पलके पेयेछि तोमाय
लखिते।
वक्षे सहसा उठियाछे दुलि,
अकारणे आँखि उठेछे आकुलि,
बुझेछि हृदये फेलेछो चरण
चकिते।

तोमाय खने खने आमि बाँधिते चेयेछि
कथार डोरे।
चिरकाल-तरे गानेर सुरेते
राखिते चेयेछि धरे।
सोनार छन्दे पातियाछि फाँद,
बाँशिते भरेछि कोमल निखाद–
तबु संशय जागे धरा तुमि
दिले कि!
काज नाइ–तुमि जा खुशि ता करो,
धरा नाइ दाओ मोर मन हरो,
चिनि वा ना चिनि प्राण ओठे जेनो
पुलकि।

The secret gushes out from my heart.
They come and ask me, "Tell me all
your meanings."
I know not how to answer them. I say,
"Ah, who knows what they mean!"
They smile and go
away in utter scorn.
And you sit there smiling.

तुम्हें नहीं जानता, नहीं पहचानता, बताओ
यह बात मैं कैसे कहूँ!
पल-पल तुम झाँक कर देखते हो,
पल-पल मुझे छल कर चले जाते हो।
ज्योत्सना रात्रि में, चन्द्र के पूर्ण प्रकाश में,
मैंने तुम्हारा घूँघट सरकते देखा—
पलक झपकने भर में ही
मैंने तुम्हारी झलक पा ली।
सहसा मेरा वक्ष कम्पित होने लगा,
अकारण ही मेरी आँखें व्याकुल होने लगीं,
मैंने समझ लिया, मेरे हृदय में
तुम्हारे चरणों का आगमन हो गया है।

तुम्हें क्षण-क्षण मैंने बातों की डोर में
बाँधना चाहा है।
चिर काल के लिए गीतों के सुर में
पकड़ कर रखना चाहा है।
मैंने स्वर्ण-छन्द का फन्दा डाला है,
वंशी में मैंने कोमल निषाद स्वर भर लिए हैं—
तो भी संशय होता है, क्या तुम
पकड़ में आये हो।
जाने दो—तुम्हें जो अच्छा लगे वह करो,
पकड़ में भले न आओ, मेरे मन को हरो,
तुम्हें पहचानूँ या न पहचानूँ,
मेरे प्राण पुलकित हो जायें।

103

एकटि नमस्कार, प्रभु,
एकटि नमस्कारे
सकल देह लुटिये पड़ुक
तोमार ए संसारे।
घन श्रावण-मेघेर मतो
रसेर भारे नम्र नत
एकटि नमस्कारे, प्रभु,
एकटि नमस्कारे
समस्त मन पड़िया थाकू
तव भवन-द्वारे

नाना सुरेर आकुल धारा
मिलिये दिये आत्महारा
एकटि नमस्कारे, प्रभु
एकटि नमस्कारे
समस्त गान समाप्त होक
नीरव पारावारे।

हंस जेमन मानस-यात्री
तेमनि सारा दिवस-रात्रि
एकटि नमस्कारे, प्रभु,
एकटि नमस्कारे
समस्त प्राण उड़े चलुक
महामरण-पारे।

In one salutation to thee, my God,
let all my sense spread out
and touch this world at thy feet.
Like a rain-cloud of July hung low
with its burden of unshed showers
let all my mind bend down at thy door
in one salutation to thee.
Let all my songs
gather together their diverse strains
into a single current and flow to a sea of silence
in one salutation to thee.
Like a flock of homesick cranes flying
night and day back to their mountain nests
let all my life take its voyage to its eternal home
in one salutation to thee.

103

एक नमस्कार द्वारा, प्रभु,
एक ही नमस्कार द्वारा
मेरी सम्पूर्ण देह तुम्हारे इस संसार में
लोट पड़े।
गहन श्रावण-मेघ की तरह
रस के भार से नम्र नत हो कर
एक नमस्कार द्वारा, प्रभु,
एक ही नमस्कार द्वारा
तुम्हारे भवन-द्वार
मेरा सम्पूर्ण मन पड़ा रहे।

विविध सुरों की आकुल धाराएँ
मिल कर एकाकार हो जायें,
एक नमस्कार द्वारा, प्रभु,
एक ही नमस्कार द्वारा
मेरे सारे गीत नीरव पारावार में
समाप्त हो जायें।

मानस-यात्री हंस की तरह
दिनरात अथक रूप से,
एक नमस्कार द्वारा, प्रभु,
एक ही नमस्कार द्वारा
मेरा समस्त प्राण उड़ चले
महामरण के पार।

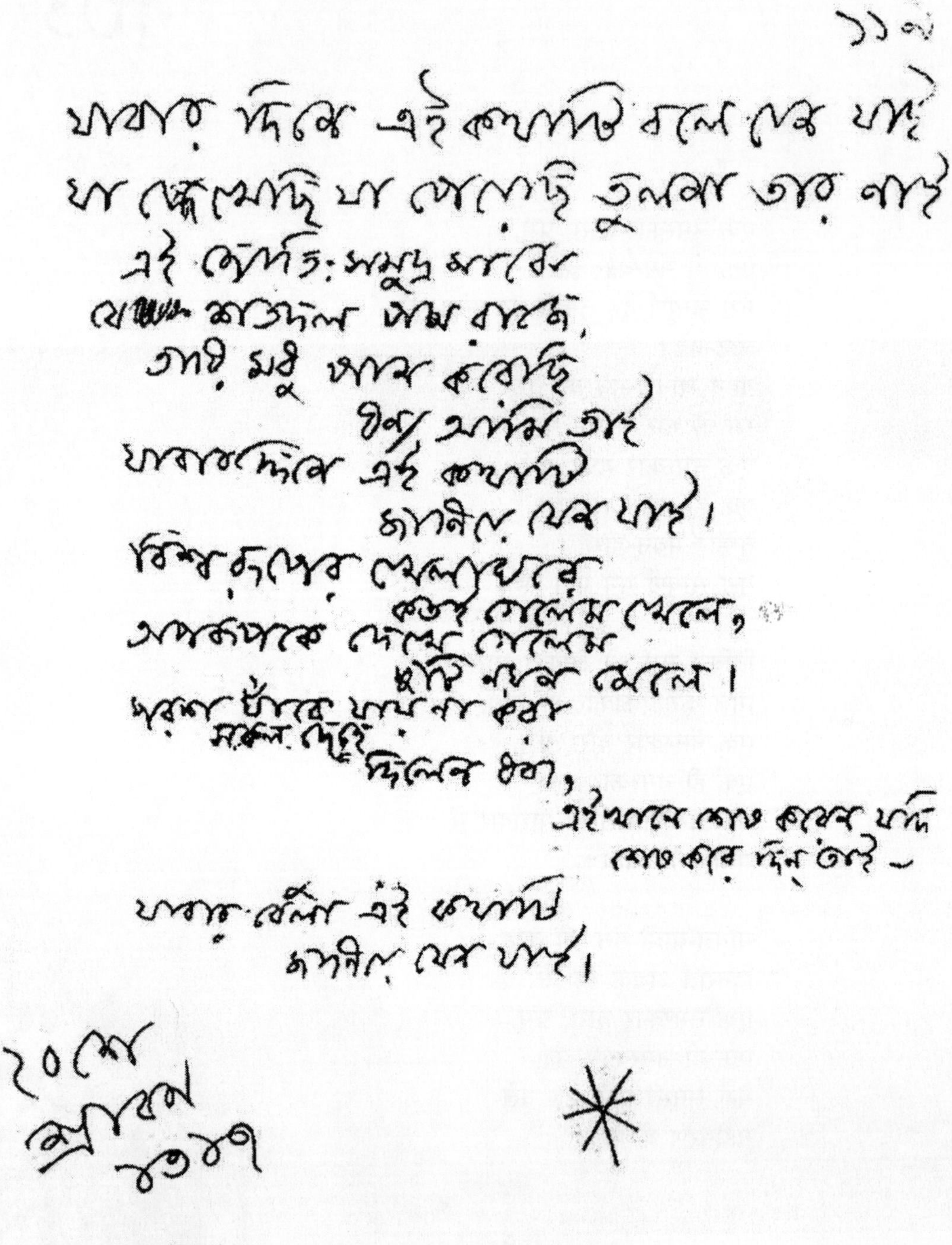

১১৯

যাবার দিনে এই কথাটি বলে যেন যাই
যা দেখেছি যা পেয়েছি তুলনা তার নাই।
এই জ্যোতিঃসমুদ্র মাঝে
যে শতদল পদ্ম রাজে,
তারি মধু পান করেছি
ধন্য আমি তাই
যাবার দিনে এই কথাটি
জানিয়ে যেন যাই।
বিশ্বরূপের খেলাঘরে
কতই গেলেম খেলে,
অপরূপকে দেখে গেলেম
দুটি নয়ন মেলে।
পরশ যাঁরে যায় না করা
সকল দেহে
দিলেন ধরা,
এইখানে শেষ করেন যদি
শেষ করে দিন তাই —
যাবার বেলা এই কথাটি
জানিয়ে যেন যাই।

২০শে
শ্রাবণ
১৩১৭

One of the pages from the original manuscript of *Gitanjali*.

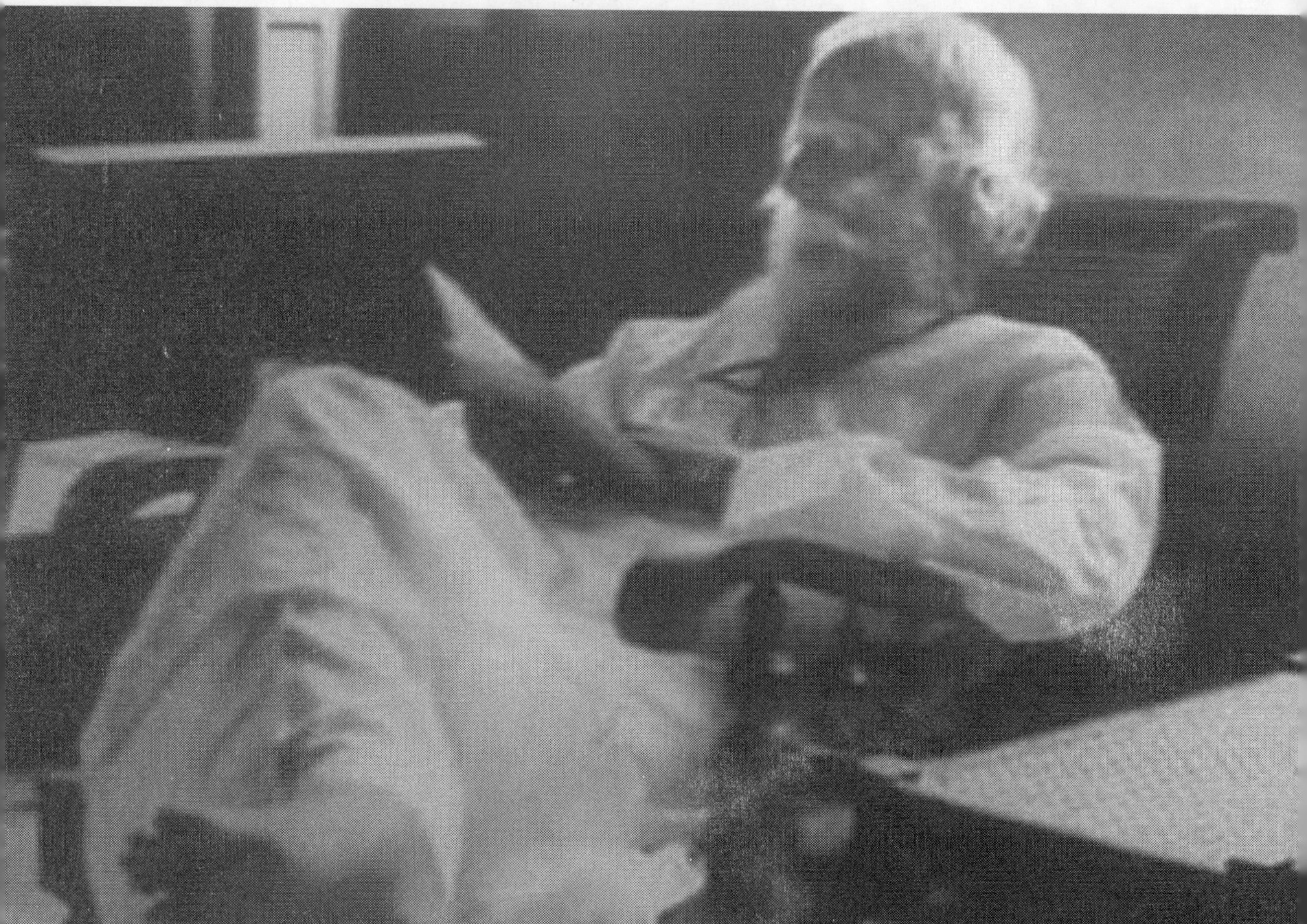

Rabindranath Tagore

विलियम बटलर येट्स द्वारा लिखित भूमिका

कुछ दिन पहले मैंने एक विशिष्ट बंगाली चिकित्सक[1] को कहा था, "मैं तो जर्मन भाषा नहीं जानता; किन्तु यदि किसी जर्मन कवि की कविता मुझे अच्छी लगे तो मैं ब्रिटिश म्यूजियम में जा कर अंग्रेजी की कोई ऐसी पुस्तक ढूँढ़ निकालूँगा जिससे उसके जीवन और चिन्तनधारा के विषय में कुछ जाना जा सके। रवीन्द्रनाथ के इस गद्यानुवाद ने मेरे अन्तर को इतना प्रभावित किया है जितना वर्षों से मुझे किसी रचना ने प्रभावित नहीं किया—इसके बारे में या उनके जीवन के बारे में या उनकी रचनाओं को प्रभावित करने वाले तत्त्वों के बारे में मैं कुछ भी नहीं जान सकता—यदि कोई भारतीय पर्यटक मुझे इस सम्बन्ध में न बता दे।" ये कविताएँ मुझे इस प्रकार विचलित कर देंगी—यह बात मानो वे जानते थे। उन्होंने कहा, "मैं प्रतिदिन रवीन्द्रनाथ की रचनाओं को पढ़ता हूँ; इन्हें पढ़ने पर संसार की सम्पूर्ण मलिनता मन से दूर हो जाती है।" मैंने कहा, "राजा द्वितीय रिचर्ड्स के समय के किसी लंदनवासी अंग्रेज को यदि पेट्रार्क या दाँते का अनुवाद पढ़ाया जाता तो उसे अपने प्रश्नों का उत्तर किसी पुस्तक में नहीं मिलता, उसे फ्लोरेंस के बैंकर या लोम्बार्डी के किसी व्यापारी से जाकर पूछना पड़ता, जैसे मैं आपसे पूछ रहा हूँ। ये कविताएँ उद्वेलित करने वाली हैं, लेकिन सरल हैं। इनके द्वारा आपकी भाषा में नवजागरण आया है—लेकिन जनश्रुति के अतिरिक्त इनके बारे में और कहीं से कुछ नहीं जान पाता।" उन्होंने कहा, "हमारी भाषा में और भी कवि हैं, किन्तु रवीन्द्रनाथ से किसी की तुलना नहीं हो सकती; इस समय को हम रवीन्द्रयुग कहते हैं। हम लोगों में वे जितना प्रसद्धि हैं, उतना शायद समग्र यूरोप में और कोई कवि इतना प्रसिद्ध नहीं होगा। कविता में वे जितने बड़े हैं, संगीत में भी उतने ही बड़े हैं। पश्चिम भारत से लेकर ब्रह्मदेश तक, जहाँ भी बंगाली हैं, वहाँ उनके गीत गाये जाते हैं। उन्नीस वर्ष की आयु में उन्होंने जब पहला उपन्यास लिखा तब से ही वे प्रसिद्ध हो गये; कुछ और अधिक उम्र में उन्होंने जो नाटक लिखे उनका अभिनय आज भी कलकत्ते में होता है। उनका सबसे बड़ा गुण जो मुझे सर्वाधिक प्रशंसनीय लगता है, वह है जीवन के प्रति उनका सर्वांगीण दृष्टिकोण; नितान्त अल्प वय में ही वे प्रकृति विषयक कविताएँ लिखते थे, सारा दिन बगीचे में बैठ कर बिता देते थे; पचीस वर्ष की उम्र में उन्हें एक दारुण शोक हुआ—उस

1. डॉ. द्विजेन्द्रनाथ मैत्र। कलकत्ते के मेयो अस्पताल के अध्यक्ष थे। इस समय वे लंदन में थे।

समय से पैंतीस की उम्र तक उन्होंने हमारी भाषा में प्रेम की सर्वोत्तम कविताएँ लिखी हैं।" इसके बाद गहरे आवेग से उद्वेलित हो उन्होंने कहा, "सतरह वर्ष की उम्र में उनकी प्रेम की कविताओं से मुझे जो मिला है, वाणी द्वारा उसकी अभिव्यक्ति करने की क्षमता मुझमें नहीं है। उसके बाद उनकी कविताएँ और गूढ़ हो गयीं, धीरे-धीरे वे धार्मिक और दार्शनिक होने लगीं। उनके गीतों में मनुष्य की समस्त व्याकुलता को मुक्ति मिली है। हमारे ऋषियों में वे पहले हैं जिन्होंने जीवन से मुँह नहीं मोड़ा है, जीवन की गहराई से ही उन्होंने बातें कही है, इसलिए हम उन्हें इतना प्यार करते हैं।" उनके सुनिर्वाचित शब्द हो सकता है मेरी स्मृति में जा कर कुछ बदल गये हों, किन्तु उनकी भावनाएँ मुझे अच्छी तरह याद हैं। "कुछ दिन पहले ही उन्होंने हमारे एक 'चर्च' में धार्मिक व्याख्यान दिया था—हमारे ब्रह्मसमाज में 'चर्च' के रूप में हमारा उपासना-स्थल होता है—कलकत्ते में यही सबसे बड़ा है—यहाँ इतनी भीड़ हुई थी की कई लोग खिड़कियों के ऊपर चढ़ गये थे, भीड़ के कारण रास्ते पर यातायात ठप हो गया था।" हमारे जगत में, जहाँ हम छोटे-बड़े सब को एक कौतुक और तुच्छता के आवरण से ढक कर रखना चाहते हैं, वहीं जिन भारतीयों से मेरा परिचय हुआ उनका इस व्यक्ति के प्रति सम्मान देख कर मैं आश्चर्यचकित हो गया। हम जब कैथिड्रल बना रहे थे तब क्या अपनी महान विभूतियों के प्रति हममें इतना सम्मानबोध था? एक सज्जन ने मुझसे कहा, "प्रतिदिन रात्रि के अंतिम प्रहर में, तीन बजे—मैं जानता हूँ, क्योंकि मैंने स्वयं देखा है—वे स्थिर होकर ध्यान लगाते हैं, ईश्वर का चिन्तन करते हैं—कम से कम दो घण्टे वे इस ध्यानमग्न अवस्था में रहते हैं। उनके पिता महर्षिदेव (देवेन्द्रनाथ ठाकुर) कभी-कभी सारे दिन इसी अवस्था में रहते थे; एक बार नदीपथ में जाते समय प्राकृतिक सौन्दर्य का उपभोग करते हुए वे ध्यानमग्न हो गये; उनका ध्यानभंग होने तक मल्लाहों को आठ घण्टे प्रतीक्षा करनी पड़ी।" इसके बाद उन्होंने मुझे श्री टैगोर के परिवार का इतिहास बताया। इस परिवार में कई पीढ़ियों से महान व्यक्तियों का अविर्भाव हुआ है। उन्होंने कहा, "इस परिवार में अब भी हैं चित्रकार गगनेन्द्रनाथ, अवनीन्द्रनाथ; और हैं रवीन्द्रनाथ के बड़े भाई दार्शनिक द्विजेन्द्रनाथ। गिलहरियाँ पेड़ से उतर कर उनके पैरों पर चढ़ जाती हैं, उनके हाथों पर आ कर चिड़िया बैठ जाती है।" नीत्से ने कहा था, जो नैतिक या बौद्धिक सौन्दर्य कभी न कभी किसी जागतिक वस्तु को प्रभावित नहीं करता, उस पर विश्वास करना उचित नहीं—ऐसे लोगों के चिन्तनस्रोत के मध्य दृश्यमान सौन्दर्य और अन्तर्निहित अर्थ के उसी जागतिक बोध की हम उपलब्धि करते हैं। मैंने कहा, प्राच्यदेश में आप लोग जानते हैं, किस प्रकार एक परिवार को उदाहरणस्वरूप मर्यादा दी जाती है। अभी उस दिन प्रदर्शशाला में गेहुएँ रंग का एक आदमी अपने चीनी चित्रों को सजा रहा था; प्रदर्शशाला के संरक्षक ने उसे दिखा कर मुझसे कहा—"ये वंशानुक्रम से मिकाडो के चित्रों के जानकार हैं—अपने परिवार में ये चौदहवीं पीढ़ी के हैं। जो इस कार्य से जुड़े हुए हैं।" उन्होंने कहा "रवीन्द्रनाथ जब बालक थे तब उनके घर में सर्वदा साहित्य और संगीत का अभ्यास चलता था।" मुझे उनकी कविता में हृदयावेग की उद्वेलता, साथ ही सरलता का ध्यान हुआ; मैंने कहा, "आपके देश में क्या प्रचारमूलक साहित्य अधिक है या समालोचना मूलक? हमारे देश में यह सब इतना करना पड़ता है, विशेषतः मेरे अपने देश में जिससे हमारे मन से सृजनशीलता क्रमशः समाप्त हो जाती है, और इस सम्बन्ध में हम कुछ भी नहीं कर पाते। हमारा जीवन इस प्रकार के निरन्तर युद्ध की तरह नहीं होता, तो हममें रुचि नहीं जागृत होती—हम समझ ही नहीं पाते कि क्या अच्छा है, हम श्रोता या पाठक नहीं पाते। हमारे उत्साह का पाँच में से चार भाग कुरुचि के साथ लड़ने में ही बीत जाता है—वह अपने मन की कुरुचि हो या

दूसरे के मन की कुरुचि।" उन्होंने कहा, "मैं समझ पा रहा हूँ; हमारे यहाँ भी प्रचारमूलक रचनाएँ होती हैं। मध्ययुगीन संस्कृत से आहृत दीर्घ पौराणिक कविताएँ गाँव की ओर सुर सहित गायी जाती हैं, उनमें बीच-बीच में साधारण लोगों के लिए ऐसी बातें भर दी जाती हैं, जिनमें यह कहा गया रहता है कि सब लोग अपने-अपने कर्तव्य का पालन मन लगा कर करें।"

दो

दिन-पर-दिन मैं अनुवाद की इस पांडुलिपि को लेकर घूमता रहा हूँ; मैंने इन्हें रेलगाड़ी में, बस में, रेस्टुरेंट में बैठ कर पढ़ा है; बीच-बीच में इस पुस्तिका को इस कारण बन्द करना पड़ा है कि कोई अपरिचित मेरे भावावेगमथित चेहरे को देख न ले! अपने भारतीय मित्रों से मैंने जाना है, इन गीतों का मूल पाठ ताल के सूक्ष्म उत्थान-पतन से, रंगों के सुकुमार प्रयोग से, छन्द और लय की नयी-नयी उद्भावनाओं से अपने चिन्तन क्षेत्र में एक ऐसे जगत् का सन्धान देता है जिस बात का सपना मैंने सारे जीवन देखा है। ये गीत अत्यन्त उच्च संस्कृतिलोक की रचना हैं, किन्तु देखने में ये सामान्य मिट्टी में जन्मे सामान्य घास-पतवार की तरह हैं। यह एक ऐसा ऐतिह्य है जहाँ कविता और धर्मबोध दोनों मिल कर एक हो गये हैं; शताब्दियों से इस भावना का स्रोत बहता आया है, रूपक और भावावेग संग्रह करता आया है—पण्डित और निरक्षर दोनों से-और साधारण मनुष्य की ओर वहन करके ले गया है महान प्रज्ञावान की भावनाधारा। बंगाल की सभ्यता यदि ध्वंस न हो जाय—जैसा कि हमारे यहाँ हुआ है, उसी प्रकार साधारण मनुष्य का मन यदि दस-बारह टुकड़ों में टूट न जाय जो परस्पर का कोई सन्धान नहीं रखते; तो, सहज रूप से प्रतीत होता है, वह मानस जगत् कुछ पीढ़ियों में राह के भिखारी के पास भी वहन कर ले आयेगा—इन कविताओं में जो कुछ भी सूक्ष्म और अव्यक्त है उसके माध्यम से। इंग्लैंड के सभी मनुष्य जब एक जैसे ही मन के अधिकारी थे तब चॉसर ने अपने ट्रॉयलस और क्रेसिडा की रचना की थी—पढ़ने के लिए, या उच्चस्वर से पाठ के लिए, क्योंकि हमारा समय भी द्रुतगति से बढ़ता आ रहा था—चारण लोग कुछ समय तक उनका गीत गाते फिरते थे। चॉसर के पूर्ववर्तियों की तरह, रवीन्द्रनाथ ठाकुर ने गीतों की रचना की अपनी वाणी के लिए; हर क्षण ऐसा समझ में आता है, उनका हृदयावेग कितना उच्छ्वसित, कितना स्वतःस्फूर्त, कितना राग-रक्तिम, विस्मय से कितना परिपूर्ण है! उसका कारण यह है कि उन्हें कभी यह प्रतीत नहीं हुआ कि वे जो कर रहे हैं, वह किसी भी ओर से अद्भुत या अस्वाभाविक है, या इसके लिए उन्हें कहीं भी, किसी प्रकार के नैतिक समर्थन की आवश्यकता है। ये कविताएँ ऐसी नहीं है जो सुमुद्रित ग्रन्थ के रूप में महिलाओं की मेज़ पर पड़ी रहेंगी, उन्हें इसकी प्रतीक्षा नहीं रहेगी कि वे कब अलस हाथों से इसके पन्ने पलटेंगी, उनके बचे रहने का अर्थहीन निःश्वास इस ग्रन्थ पर पड़ेगा, इससे भी गम्भीरतम कोई अर्थ वे जीवन से ग्रहण नहीं कर सकेंगी। अथवा ऐसा भी नहीं है कि छात्रगण इसे लेकर विश्वविद्यालय परिसर में घूमते रहेंगे, जीवन में प्रवेश करने वे पूर्व के ग्रन्थ की अवहेलना कर दूर हटा देंगे। पीढ़ी-दर-पीढ़ी गुज़र जायेगी; पथिक राह चलते हुए, मल्लाह नौका चलाते हुए ये गीत गायेंगे। प्रेमी-प्रेमिका इन गीतों को गुनगुनायेंगे, गुनगुनाते हुए उन्हें यह बोध होगा कि इस भगवत्प्रेम के इन्द्रजाल-सागर में स्नान कर उनकी यौन-कामना की कटुता चिरन्तन प्राण के स्पर्श से नूतन रूप में स्पन्दित हो उठी है। जो दूसरों की अवमानना नहीं करते, दूसरों पर अधिकार जमाने की कोशिश नहीं करते, इस कवि का हृदय प्रतिनियत उनके प्रति धावित होता है; क्योंकि वे जानते हैं कि वे उसे समझ सकेंगे। इस कविता ने उनके जीवन की परिस्थितियों के मध्य से अपने को पूर्ण कर लिया है। जो पथिक

गेरुआ वस्त्र पहनता है ताकि उसकी मलिनता बाहर न निकल पड़े, जो नारी अपनी शय्या पर से राज-अतिथि की माला से झरे फूलों की पंखुड़ियों चुन कर रखती है, जो परिचारक या वधू शून्य भवन में प्रभु के आगमन की प्रतीक्षा में पथ निहारती रहती है, ये सभी परमपुरुष की आश लगाये मानव मन के प्रतीक हैं। फूल, नदी, शंखध्वनि, भारतीय जुलाई महीने की घनघोर वर्षा, अथवा झुलसता उत्ताप, ये सभी उसी हृदय के मिलन या विरह की वाक्प्रतिमा हैं। और, निर्जन नदी में नौका पर बैठ कर जिसे एकतारा बजाते हुए देखा जाता है, चीनी चित्रों की रहस्यमयता पूर्ण मूर्ति की तरह, वे स्वयं ईश्वर हैं। हमारे निकट अपरिमेय रूप से अपरिचित एक समग्र जाति, एक सम्पूर्ण सभ्यता को इस कविकल्पना में आकार मिला है; तथापि हम इस कविता के प्रति आकृष्ट होते हैं तो इसका अनजानापन ही उसका कारण नहीं है; उसका कारण यह है कि इसमें हम अपनी प्रतिछाया देख पाते हैं, मानो प्रवेश करते हैं रोसेट्टी के विलो उपवन में, या पहली बार सुन पाते हैं साहित्य के क्षेत्र में, जैसे सपने में सुन पाते हैं अपनी कंठध्वनि।

रेनेसाँ के बाद से युरोपीय सन्तों की रचनाएँ हम मन से नहीं पढ़ते—उनके द्वारा व्यवहृत रूपक और उनके चिन्तन का स्वरूप पृथ्वी को त्याग कर हमें जाना ही होगा, चरम शान्ति या परम उल्लास के मुहूर्त में त्याग करना होगा स्वयं ही। किन्तु हमने जो इतनी कविताएँ पढ़ी हैं, इतने चित्र देखे हैं, इतने गीत सुने हैं, जहाँ देह और आत्मा का क्रन्दन मिल कर एक हो गया है, कैसे ऐसे अचानक, ऐसे रूढ़ भाव से इसे त्याग कर जायेंगे? स्वीट्जरलैंड के झील का सौन्दर्य नहीं देखेंगे इसलिए जिस सन्त बर्नार्ड ने आँखें मूँद ली थीं, अथवा बुक ऑव रेभेलेशन में जो प्रचण्ड वागाडम्बर है, उनसे हमारा मेल कहाँ है? यदि सम्भव होगा तो हम खोज लेंगे, जिस प्रकार इस ग्रन्थ में, सौजन्य से परिपूर्ण ये बातें:

छुट्टी मिल गयी, भाइयों, अब विदा करो,
मैं सबको प्रणाम कर के चलूँ।
मैंने द्वार की चाभी लौटा दी,
घर पर मेरा अब कोई दावा न रहा,
आज सबका आशीर्वाद चाहिए—
मैं सबको प्रणाम कर के चलूँ।
बहुत दिनों तक मैं आप सबका पड़ोसी था,
मैंने जितना दिया उससे कहीं अधिक लिया है।
दिन बीता, रात हो चली,
अब तो कोने में रखा दीप भी बुझ गया,
मेरी पुकार हुई है, इसलिए मैं निकल पड़ा—
मैं सबको प्रणाम करके चलूँ।

हमारा अपना मानसिक गठन ए. कैंपिस अथवा जॉन ऑव द क्रॉस से एकदम अलग है, वही मन कह उठता है, "मेरा जीवन/इसे इतना प्यार करता हूँ इसलिए विश्वास जगा है। मृत्यु को भी निश्चय ही ऐसे ही प्यार करूँगा।" किन्तु विदा होने की चिन्ता ही इस ग्रन्थ की अन्तिम बात नहीं है। हम भगवान को प्यार करते हैं—यह बात हम जानते ही नहीं थे—बहुत हुआ तो सोच सकते थे, हम उसके अस्तित्व में विश्वास करते हैं। किन्तु पीछे मुड़ कर यदि अपने समग्र जीवन पर दृष्टिपात करें—वन के भीतर पथ में हमारे निःसंग चलने में, पहाड़ी पथ पर निर्जन स्थान पर

उपस्थित होने के आनन्द में, जिन नारियों को हमने प्यार किया है किन्तु उन्हें पा नहीं सके हैं उन पर अपनी रहस्यमय दावेदारी के भीतर जिस भावावेग ने इस संगोपन माधुर्य को गढ़ा है–उसका संधान हम पा सकें:

हे विश्वराजन्, विश्व के साथ
तुमने अनजाने ही हँस कर मेरे हृदय में प्रवेश किया
कितने शुभदिनों में; कितने मुहूर्त के बाद
अपने असीमत्व का चिह्न अंकित किया।

सात्विक निर्जनवास से, या पवित्र रोष से जिस शुचिता का जन्म होता है, यह वह वस्तु नहीं है। जो चित्रकार भावावेग की विपुल इच्छा से धूल और धूप का चित्र बनाता है, उसी तरह, इस स्वर को सुनने के लिए हमें जाना होगा सन्त फ्रांसिस के पास, या विलियम ब्लेक के पास–हमारे भयंकर इतिहास में जो विदेशी के रूप में चिह्नित हैं।

3

हम बड़ी-बड़ी किताबें लिख लेते हैं–जिनमें सम्भवतः एक-एक पन्ने में भी ऐसा गुण नहीं होता जो लिखने के विषय को आनन्द से परिपूर्ण कर दे; हम केवल एक सामान्य परिकल्पना का अनुसरण मात्र करते हैं। ठीक इसी प्रकार हम युद्ध करते हैं, रोज़गार करते हैं, सिर को राजनीति से भर देते हैं–अपने समस्त कार्य को एकरसता की सीमा पर पहुँचा देते हैं। और ऐसे समय में श्री टैगोर, भारतीय सभ्यता की तरह ही, आत्मा का आविष्कार कर तृप्त होते हैं और स्वयं को सहज अनुभूति के प्रति समर्पित करते हैं। हमारी तरह जो जीवन बिताते हैं, संसार में जिनका तथाकथित मान अधिक है, उनके विपरीत वे अपने जीवन की स्थापना करते हैं–अत्यन्त विनीत होकर, किन्तु अत्यन्त निश्चित होकर वे मानो समझते हैं कि उनका पथ ही उनके लिए सर्वोत्तम है:

हे प्रिय, सबेरा बीता, दिन ढला, साँझ घिर आयी,
मेरी आँखों में नींद छा रही है।
घर की ओर जाते समय सभी मुझे देखकर हँसते हैं,
मैं लज्जित हो जाती हूँ।
मैं मुँह पर आँचल खींच बैठी हुई हूँ
मानो कोई भिखारिन हो–
कोई
यदि पूछता है, 'तुम्हें क्या चाहिए' तो निरुत्तर रहती हूँ,
दोनों आँखें नत कर लेती
हूँ।

पुनः कभी, जब उनका जीवन दूसरी तरह का था, उस बात की याद कर वे कहते हैं :

भले-बुरे के द्वन्द्व में पड़ कर
मेरा बहुत सारा समय बीत गया,
अलस बेला में खेल का साथी
अब मेरे हृदय को खींच रहा है।
बिना काम के ही न जाने क्यों

मुझे बुलावा आ गया है।

यह निष्पाप शुद्धता, यह सरलता—साहित्य में और कहीं खोजने पर भी नहीं मिलेगी। इसकी सहायता से वे इन पक्षियों, इन पत्तों के इतना निकट पहुँच सके हैं, जितना केवल बच्चे ही पहुँच पाते हैं और ऋतु परिवर्तन की घटनाओं को उन्होंने हमारे लिए सहज बना दिया है। कभी-कभी मैं अवाक् होकर सोचता हूँ, ऐसी क्षमता उन्हें कहाँ से मिली! बांग्ला साहित्य से या अपने धर्म से? पुनः जब स्मरण होता है कि उनके अग्रज भ्राता के हाथों पर पक्षी आकर निर्भय होकर बैठते हैं, तब मुझे यह सोचकर आनन्द होता है कि उनकी यह क्षमता सहजात है—यह एक ऐसा रहस्य है जो शताब्दियों से छिपा हुआ है, ट्रिस्टान की तरह, पेलानो की तरह। वस्तुतः वे जब शिशुओं की बात करते हैं तब ऐसा प्रतीत होता है कि यह गुण उनके अस्तित्व का ही अंग है। यह पता नहीं चलता कि वे किसके विषय में बोल रहे हैं, शिशुओं के विषय में या सन्तों के विषय में :

वे बालू के घरौंदे बना रहे हैं,
सीपी ले कर खेल रहे हैं।
विपुल नील सलिल पर
अपने हाथों बनायी
पत्तों की नौका
बहा रहे हैं।
जगत् पारावार के तट पर
बच्चे खेल रहे हैं।
वे तैरना नहीं जानते,
जाल फेंकना नहीं जानते।
गोताखोर मोती के लिए डुबकी लगाता है,
वणिक नाव खे कर तेजी से चला जाता है—
बच्चे कंकड़-पत्थर चुनते हैं,
बैठ कर उन्हें सजाते हैं।
वे धन-रत्न की खोज नहीं करते,
जाल फेंकना नहीं जानते।

सितम्बर 1912

डब्ल्यू.बी. येट्स

सूची
(अकारादि क्रम से)

हिन्दी अनुवाद की प्रथम पंक्ति	कविता

Alphabetical Index of English Translation

□□